博物馆展示设计

张威 著

中国建筑工业出版社

图书在版编目（CIP）数据

博物馆展示设计 /张威著.—北京：中国建筑工业出
版社，2015.6（2023.8 重印）
ISBN 978-7-112-18226-8

Ⅰ.①博⋯　Ⅱ.①张⋯　Ⅲ.①博物馆－陈列设计
Ⅳ.①G265

中国版本图书馆CIP数据核字（2015）第141739号

责任编辑：唐　旭　杨　晓
责任校对：张　颖　陈晶晶

博物馆展示设计

张威　著

*

中国建筑工业出版社出版、发行（北京西郊百万庄）
各地新华书店、建筑书店经销
北京京点图文设计有限公司制版
北京中科印刷有限公司印刷

*

开本：787×1092 毫米　1/16　印张：12　字数：320千字
2015年7月第一版　2023年8月第四次印刷
定价：68.00 元
ISBN 978-7-112-18226-8
　　　　（37476）

前言
P R E F A C E

  随着国家对基础文化设施建设的重视，作为以收藏、研究、展示与教育为基本功能的博物馆，越来越被公众所关注，博物馆作为一个国家经济发展水平和文化发达程度的衡量标准，在公众的日常文化生活中逐渐占据了重要地位，博物馆是社会物质文明和精神文明发展到一定阶段的产物，同时也是人类文明历史的缩影。进入21世纪以来，全国各地博物馆事业进入了新的发展阶段，博物馆的基本功能也正从传统意义的范畴向更广阔的领域扩展，所涉及的范围几乎覆盖了公众生活的方方面面。时代赋予博物馆更多的使命，让其在公众面前不再单纯地充当一种公共教育场所，而是集收藏、研究、展示、教育、国际交流与合作、休闲、旅游等功能于一身，故博物馆的内部空间形态、展示布局也随之发生变化。2008年1月23日中宣部、财政部、文化部、国家文物局联合下发的《关于全国博物馆、纪念馆免费开放的通知》，预示着中国博物馆的发展进入了从珍品展藏向公共教育职能调整的重要时期，它使得博物馆更加融入社会、贴近公众，让更多的公众有机会进入博物馆，从而很好地发挥博物馆的社会功效，同时也推动着博物馆自身体制的不断完善。国家把博物馆免费开放作为一项长期的、重要的公共教育举措来贯彻，既顺应民意，也符合时代赋予博物馆的新的社会职能。然而如何营造好博物馆内部的展示空间，使调整职能后的博物馆更好地发挥博物馆教育大众、服务大众、娱乐大众的功能，从而更好地向公众传播文化信息，进而提高公众的观展效果，则是博物馆管理部门及展示设计人员需要认真思考的问题。

  本书从有效传递展示信息的角度出发，对博物馆展示概念提炼、空间划分、照明布局、道具选用、标识制作等方面进行研究，希望总结出一套行之有效的展示设计方法，为今后的博物馆布展决策及展示设计提供依据。在写作过程中得到了许多同仁的支持与帮助，北京联合大学师范学院艺术设计系赵坚老师、邹慧同学为此书提供了作品，北京国际设计周组委会为此书提供精美图片，在此一并表示感谢。对于书中引用部分有关文论、图例等，因无法查证，而未能列出检索，敬请原谅。

张威

北京联合大学师范学院艺术设计系

2014年3月

目录

第一章
博物馆展示设计概述

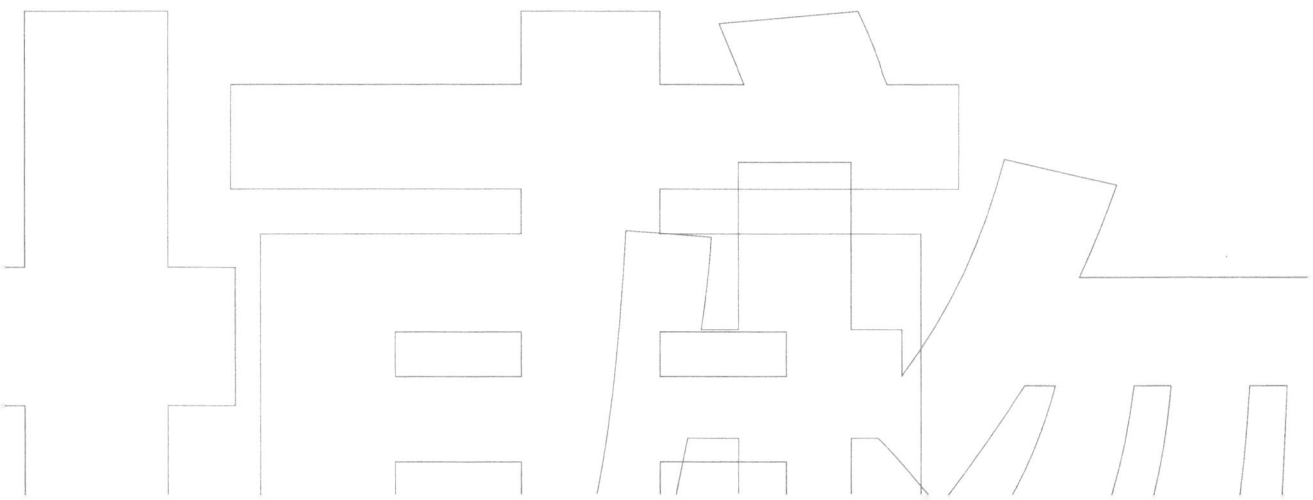

第一节
博物馆展示设计的发展进程

通过对国内外博物馆的产生、发展及与博物馆有关的历史时间点作一个简单回顾，以期为后续的博物馆展示空间研究的展开作好铺垫。

一 博物馆的发展进程

博物馆的出现最初是源自公众收藏意识的萌发。早在 4000 多年前，埃及和美索不达米亚的统治者就注意寻找和收藏珍品奇物。公元前 4 世纪，马其顿的亚历山大大帝在建立跨欧亚非大帝国的军事行动中，把搜集和掠夺来的许多珍贵艺术品和稀有古物交给他的老师亚里士多德整理研究，亚里士多德曾利用这些文化遗产进行教学，传播知识；亚历山大去世后，他的部下托勒密·索托建立了新的王朝，继续南征北战，收集来更多的艺术品；公元前 3 世纪托勒密·索托在埃及的亚历山大城创建了一座专门收藏文化珍品的"缪斯神庙"，这座"缪斯神庙"被公认为是人类历史上最早的"博物馆"；博物馆一词，也就由希腊文的"缪斯"演变而来。与今天的博物馆不同，"缪斯神庙"其实是一个专门的研究机构，里面设有展厅、研究室，用以陈列及研究艺术、天文、医学等藏品，学者们聚集在这里，从事研究工作。"缪斯神庙"这座人类历史上最早的博物馆，在公元 5 世纪时被毁于战乱。

现代意义的博物馆出现在 17 世纪后期。18 世纪，英国内科医生汉斯·斯隆为了让自己的藏品能够永远"维持其整体性、不可分散"，将近八万件的藏品捐献给英国王室，英国王室由此决定成立一座国家博物馆。1753 年大英博物馆建成，由此诞生了全世界第一个对公众开放的大型博物馆（图 1-1、图 1-2）。

最早出现的博物馆，并不是为公众观展而设立。从原始社会到中世纪早期这段时期，博物馆还不存在真正意义上的展示功能，其功能主要为收藏，藏品多为王公贵族的奇珍异宝，使用空间多为庙宇、宫殿和府邸等，如著名的法国卢浮宫美术馆。18 世纪英国工业革命、法国的启蒙运动对展示活动和展览建筑产生了重要的影响，一些欧洲国家相继建成了具有重要影响的博览建筑，如大英博物馆（1753 年）、丹

1-1

1-2

图 1-1　大英博物馆
图 1-2　大英博物馆室内广场

麦国立美术馆（1760 年）、俄国艾尔塔什艺术馆（1764 年）、西班牙国立博物馆（1777年）等。1793 年法兰西共和国建立了卢浮宫博物馆，每年耗费大笔资金从世界各地收购艺术珍品，1793 年 8 月 10 日，巴黎卢浮宫正式向公众开放，公众的参与标志着博物馆的展示功能开始出现（图 1-3、图 1-4）。

　　从 1905 年清代状元张謇创办的中国第一座博物馆"南通苑"算起，中国博物馆事业已经走过了百年历程。尽管中国博物馆的建立远远晚于欧洲，但改革开放以来良好的国内经济、政治、文化环境让中国的博物馆事业迎来了发展的高峰。截至2011 年底，中国博物馆总数已达到 3589 座，单从数量上，中国已跻身世界博物馆大国之列，但数量上与发达国家博物馆的差距缩小，并不代表博物馆作为公众教育机构整体水平的提高。因此关注博物馆内部展示空间环境，让公众来此愉悦观展，则是新时期博物馆所面临的挑战（图 1-5、图 1-6）。

图 1-3　法国卢浮宫博物馆

图 1-4　卢浮宫展示空间

图 1-5 南通博物苑
图 1-6 张謇塑像

二 博物馆的分类

"博物"一词最早见诸《山海经》，它的意思是能辨识多种事物；《尚书》称博识多闻的人为"博物君子"；《汉书·楚元王传赞》中也有"博物洽闻，通达古今"之意。到了19世纪的后半叶，中国借鉴日本把"博物"一词作为一门学科的名称，"博物"的内容包括动物、植物、矿物、生理等知识。国际博物馆协会在其2001年修订的章程中，将博物馆定义如下：博物馆乃一非营利之永久性机构，在其所发展与服务的社会，对公众开放，以学习、教育、娱乐为目的，收藏、保存、研究、传播与展示人类及其环境的物质证据。一般人归纳出博物馆所具有的功能为：收藏、研究、展示与教育四大项。

中国的博物馆在1988年前按专门性博物馆、纪念性博物馆和综合性博物馆三类进行划分，国家统计局也是按照这三类博物馆来分别统计公布发展数字的。现在，博物馆主管部门和专家们又参照国际上一般分类法，并根据中国的实际情况，将中国的博物馆划分为历史类、艺术类、科学与技术类、综合类四种类型。

历史类博物馆以历史的观点来展示藏品，如中国历史博物馆、中国革命博物馆、西安半坡遗址博物馆、秦始皇兵马俑博物馆（图1-7、图1-8）、泉州海外交通史博物馆、景德镇陶瓷历史博物馆、北京鲁迅博物馆、韶山毛泽东同志纪念馆、中国共产党第一次全国代表大会会址纪念馆等；艺术类博物馆主要展示藏品的艺术和美学价值，

图 1-7　秦始皇兵马俑博物馆

图 1-8　秦俑

如故宫博物院、南阳汉画馆、广东民间工艺馆、北京大钟寺古钟博物馆、徐悲鸿纪念馆、天津戏剧博物馆等；科学与技术类博物馆以分类、发展或生态的方法展示自然界，以立体的方法从宏观或微观方面展示科学成果，如中国地质博物馆、北京自然博物馆、自贡恐龙博物馆、台湾昆虫科学博物馆、中国科学技术馆、柳州白莲洞洞穴科学博物馆等；综合类博物馆综合展示地方自然、历史、革命史、艺术方面的藏品，如南通博物苑、山东省博物馆、湖南省博物馆、内蒙古自治区博物馆、黑龙江省博物馆、甘肃省博物馆等。

无论博物馆如何分类，作为公众服务的公共教育职能是相同的，都需要解决好突出展品和吸引观众两方面问题，因此营造良好的观展环境，将展品承载的信息传递给观展公众，就是进行博物馆展示空间设计不变的宗旨。

三　博物馆的展陈类型

博物馆的展示选题会受展陈类型的制约，展陈类型不同，展示空间设计手法及布展方式亦存在差异；另外，博物馆的性质也决定着内部展陈类型的范围。通常博物馆展陈类型包括基本陈列、专题陈列、临时展览三种形式。

（一）基本陈列

基本陈列是博物馆的主要陈列部分，展陈内容主要是突出博物馆的特点，即反映博物馆地域或类型的特色。如首都博物馆的基本陈列"古都北京·历史文化篇"，以深厚的北京文化为主线，以时代演进为顺序，再现北京波澜壮阔的历史画卷，阐释京城文化的独特韵味，表现北京对中国传统文化的继承与弘扬，揭示北京作为一座融合了多民族与多元文化的城市逐步递升为中国首都与文化中心的历史规律。这

图 1-9　古都北京基本陈列

图 1-10　古都北京展示空间

部分展览内容以历史文化为视角，展示了从 46 万年前的远古时期至新中国建立这一漫长的岁月中，北京经历了从原始聚落形成城市，从北中国的政治中心跃升为大一统封建王朝的都城、中华人民共和国的首都，直至发展为建设中的国际大都市这一不断攀升的历史进程。通过对北京的城市定位、政治经济、民族融合、中外文化交流、宗教发展等各领域全方位、多角度的展示，概括了北京文化所具有的荟萃性、创新性、多元性、连续性与递升性五个显著特点。内容结构上选取了"海陵王迁都"、"元大都积水潭码头"、"北京保卫战"、"盛世京师（康雍乾时期的北京）"、"五四运动"、"开国大典"六个场景作为串联北京历史的节点（图 1-9、图 1-10）。

（二）专题陈列

专题陈列是以某一专题为主要切入点，通常以馆藏优势展品为陈列内容，突出展品特色，如首都博物馆的专题陈列"古代瓷器艺术精品展"，展出了北京作为都城历史时期出土和传世的瓷器，其中以宋、辽、金至明、清时期北京地区遗址、墓葬、窖藏出土的瓷器为特色。展览分为四个部分，共展出文物 170 组件。宋、辽、金时期的越窑青釉划花宴乐人物纹注壶、定窑白釉童子诵经壶、绿釉"杜家"款璎珞纹净水瓶等；元大都出土的青白釉多穆壶、青花凤首扁壶、釉里红花卉纹玉壶春瓶、钧窑天蓝釉贴花兽面纹双耳连座瓶、磁州窑白地黑花龙凤纹四系扁壶等；明、清时期的宣德款洒蓝釉钵、成化斗彩葡萄纹杯、雍正珊瑚红地珐琅彩花鸟瓶、乾隆松石绿地粉彩蕃莲纹多穆壶等名贵瓷器都是难得一见的稀世精品，反映出中国陶瓷史发展的阶段及当时北京历史发展的轨迹。展览氛围恬静柔和，采用群体陈列方式（图1-11、图1-12）。

（三）临时展览

临时展览主要是从时间上进行界定的，临时展览属于短期展示行为，其展示目的是弥补博物馆展览的不足，同时吸引公众来此不断观展，扩大博物馆的知名度。临时展览内容往往反映社会热点及公众关注的问题，是博物馆与社会对接的窗口，也是博物馆最具经济效益的展陈项目，如首都博物馆曾经展出的"世界文明大英博物馆之250年藏品展"、"故宫博物院藏金银器特展"、"齐白石艺术大展"、"历史的釉光——湖南醴陵釉下五彩瓷珍品展"、"江西古代文物精品"等（图1-13、图1-14）。

1-11

1-12

图 1-11　古代瓷器专题陈列
图 1-12　古代瓷器展示空间

图 1-13　历史的釉光临时展览
图 1-14　历史的釉光展示空间

四　博物馆展示空间形式的演化

公众观展形式的改变影响着博物馆展示空间形式的变化。从以简单观看图品、实物为主的单纯背景空间，到以触摸、互动为主的展示空间，再到多功能的展示体验空间，都体现着博物馆展示空间形式随公众对历史遗存的理解发生着重大变化。

（一）单纯的背景空间

早期的博物馆空间其功能就是为展品提供一处存放处所，即便是对外开放展览，也只是作为一个单纯的陈列展品背景空间，公众在博物馆内的观展行为仅停留在观看，这让博物馆的社会服务功能很难发挥作用（图 1-15）。

（二）围绕观展行为的多功能空间

当公众不再满足于简单的观看，博物馆空间就从单纯的背景空间逐渐向多功能的空间进行转化，一些围绕观展行为发生的相应活动也可在博物馆找到对应的场所，如临时就餐空间、纪念品购物空间、互动交流空间等（图 1-16）。

（三）多功能空间的拓展

随着博物馆免费开放举措的提出，少部分不以观展为目的的公众开始出现，使得博物馆公众的行为模式变得复杂。为了维护正常的观展秩序以及照顾到不同层次

图 1-15　单纯背景空间
图 1-16　多功能空间

1-15   1-16

的观展公众，就需在原有展示、就餐、购物空间基础上拓展新的功能空间以满足公众要求，如儿童活动区、文化休闲区、公益服务区等，以体现新时期博物馆教育公众、服务公众的社会职能。

第二节
博物馆展示设计内容

　　进行博物馆展示空间研究就是通过为展品营造合理的展示空间，为公众提供良好的观展环境，从而将展品所承载的信息有效地传递给公众。为了达到上述目的，就需要通过前期调研，构思展示设计概念；对展品所在的展示空间进行功能划分，即博物馆展示空间设计；需选择合适的材料制作道具及合理地布置展示道具，即展示材料与道具设计；还要设计良好的照明环境，做好展示空间的引导标识，即展示照明设计和展示标识系统设计；当然，对展品特性的调研及对观展公众心理的分析也是博物馆展示空间研究的内容。

一　博物馆展示设计概念

在进行博物馆展示空间设计之前，应根据对博物馆的前期调研提炼出展示设计的概念，这一概念既要体现博物馆方的办展意图，同时也应与博物馆提供的内部空间相吻合，从而指导后期的展示空间设计、展示照明设计、展示道具设计及展示标识设计等项目。

二　博物馆展示空间设计

博物馆展示空间设计是在博物馆现有内部空间基础上，对布展空间进行再次设计。如果布展空间为单一空间，则需对展示空间的形态、大小、出入口位置、采光口设置等进行调整；如果布展空间为多个空间，除做好每个空间的形态、大小、出入口位置、采光口设置等设计外，还需通过布置合理的展示路线（简称展线），将多个空间有序地组织在一起，从而为展品展示、公众观展营造出合理的展示空间环境。

三　博物馆展示照明设计

博物馆展示照明设计是从展品的展示需求与公众的视觉感受出发，合理地设置环境照明、重点照明、装饰照明及安全照明，从而营建一个真正符合展品展示及公众观展的照明环境。

四　博物馆展示道具设计

博物馆展示道具设计是针对展品的性质、大小、数量及展品之间的关系，设计展品的承托载体，选取展品的陈列形式，展品的承托载体及陈列形式将决定展示的材料选用、展示道具的形式及布置方式，从而有效地突出展品特征，使展示内容与展示形式统一。

五　博物馆展示的标识设计

博物馆展示标识系统设计是以视觉语言为媒介，以公众的视觉感受、反应行动为设计目标，通过字体设计、标志设计、色彩设计等引导公众方便、有效地观展，同时也传达着博物馆的文化底蕴。

需要指出的是展示空间设计、展示照明设计、展示道具设计以及展示标识设计不是各自孤立的设计体系，它们共同构成了博物馆展示空间的主要研究内容，并且围绕提炼的博物馆展示设计概念进行不断深化。在实施过程中必须通过体现博物馆方的展示意图、展品特性、场地限定条件、公众观展目的等因素来划分展示空间、选择展示材料与道具形式、安排展示照明灯具、设置展示视觉标识系统，从而共同完成向观展公众有效传递信息的任务。

第三节
博物馆展示设计原则

一 体现展示意图

展示空间设计应紧紧围绕博物馆方的展示意图进行。通过对博物馆现有内部空间进行勘测，对展品特性深入挖掘，进而借助展示空间划分、展示材料与道具选择、展示照明布置、展示视觉标识安排等手法共同来体现博物馆展示意图，以达到布展目的（图1-17）。

图1-17 展示意图

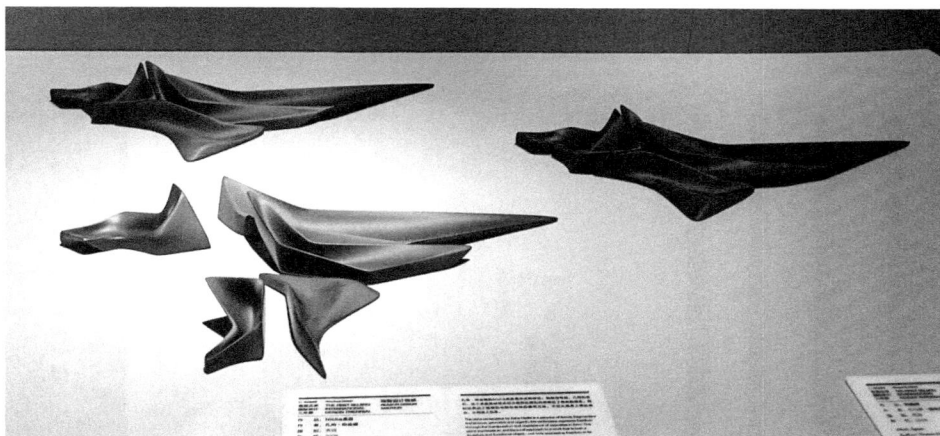

图 1-18 突出展品特性

二 突出展品特性

欲使公众有效地接受信息，就需去深入研究承载信息的展品。展品是展示空间的主角，展示空间设计是一种"配合演出"，博物馆内部空间本身不是重点，重点的是如何把展品烘托得更精彩。因此在进行展示空间设计时，要以了解展品特性、突出展品特征为前提，避免出现对展示空间过于表现而忽视展品的现象发生，影响信息的有效传递（图 1-18 ）。

三 尊重观展公众

从传播学角度来看，展示信息能否有效传递，不仅取决于信息的承载体，同时也包括受众（即观展公众），双方共同作用才促成信息传递的实现，离开受众，一切信息传递活动就会丧失方向和目的。因此在进行博物馆展示空间设计时，要对前来观展的公众群体进行分析，去了解他们的观展目的及观展需求，这是获得展示空间设计成功的前提；其次，在展品的布置上要鼓励公众与展品互动，公众的积极参与是有效传递展示信息的重要环节，尽量将展示空间设计成公众易于和展品接触，更直观地了解展品的特性，有助于公众积极参与到展示活动中，从而快速准确地接受信息；再次，在整个展示设计过程中要照顾到观展公众的视觉特性及心理因素，给公众提供一个舒适的观展环境，从而体现对公众的关怀。广东博物馆室内的公众休息空间，为近年新建，在展示空间的设计过程中非常注重人文关怀，不仅在观展路径上设置了很多休息空间，还为公众准备了餐饮、购物等辅助空间，真正体现了博物馆由珍品展示向服务大众的职能过渡（图 1-19 ）。

1-19   1-20

图 1-19　休息空间
图 1-20　引导光带

四　注重场所安全

　　在进行博物馆展示空间设计时，必须确保为公众提供一个安全的观展环境。因此，在展示空间划分上，应使空间划分合理，使观展线路（即展线）简单直接；在展示材料及道具选取上，应选用耐火及避免对室内环境产生污染的材料；在设置照明器具时，既应有利于烘托展品，也要强调疏散通道及出入口位置；展示视觉标识要让公众明确展示空间的整体形态及自身所在位置，以利于在发生停电、火灾等意外情况时，帮助公众安全疏散。如 2010 上海世博会的一个展示空间，由于通向展示区的道路较长且亮度较低，为了便于引导公众及安全疏散，设计师在地面利用三束光带来强化公众的观展路径，不仅达到了很好的引导目的，也丰富了辅助空间的视觉环境（图 1-20）。

第二章
博物馆展示设计程序

2

在进行博物馆展示空间设计时，首先应了解博物馆的展示意图，依据博物馆的展示意图及前期调研进行展示设计的概念构思，进而对展品的特性、布展空间实际情况、展出时间的长短、投资状况等一系列的限制条件进行分析，并通过对展示空间划分、照明器具布置、展示材料及道具选取、视觉标识安排等设计手法，营造出良好的展示空间环境，以利于公众观展。

为了便于理解，在探讨博物馆展示空间设计程序时，通过对镇江公安博物馆的设计过程进行剖析，以方便对博物馆的展示空间设计及设计过程中不同阶段所需解决的具体问题和设计要点的理解。

第一节
博物馆展示设计前期调研

博物馆展示空间设计的前期调研非常重要，前期调研工作完成得是否到位，直接会影响到后期设计深化及施工的顺利进行，同时这一阶段也是与博物馆方面协商设计费用、签署项目协议的重要环节。

一　明确博物馆设计项目的设计任务

在进行博物馆展示空间设计之前，必须对所要进行设计的博物馆有全方面的了解，同时，通过多次与博物馆方进行沟通，以领会博物馆方的展示意图，并在与博物馆方的沟通过程中明确博物馆设计项目的设计任务。通常从以下几个方面去了解：

（一）博物馆设计项目的服务对象

明确博物馆设计项目的服务对象非常关键，即此项目在竣工后用来做什么，是为了展示历史发展印迹，还是复原某一历史场景；是传播文化理念，还是介绍地域特征等。同时，还需了解此设计项目的最终适用人群，这是在进行博物馆展示空间设计之前所必需明确的内容。

（二）博物馆设计项目的拟建规模及工期

博物馆设计项目的规模大小及施工周期长短，也是设计人员在设计之前所要了解的，通过对项目规模的整体把握，才能进行合理的设计安排，有效组织项目成员。

（三）博物馆设计项目的投资状况

博物馆设计项目投资状况也是设计人员所需了解的内容，设计人员通过项目的投资状况来进行展示设计，以提高设计方案的可实施性，从而减少施工过程中因资金不足导致的设计变更。

（四）博物馆设计项目所处位置及周边环境

即便使用功能相同的博物馆设计项目，由于所处周边环境及内部空间形态的不同条件限制，其设计难度也存在很大差异，因此，在承接工程项目之前，必须了解设计项目所处位置和博物馆内部的空间状况。

图 2-1
镇江公安局刑侦楼

下面以镇江公安博物馆为例，来对博物馆展示空间设计进行分析。镇江公安博物馆位于镇江市公安刑侦楼一层空间内，所占面积为 1500 平方米，层高为 4.2 米，于 2010 年 3 月建成并投入使用（图 2-1）。

二　针对博物馆设计任务进行前期调研

（一）调查展品类型及适用人群

在明确博物馆设计任务的基础上，认真分析将要展示的展品类型及展品特征，这样才能有针对性地设定展示路线、划分展示空间、选择材料及道具类型、布置照明器具、安排视觉标识，为后期顺利布展打好基础。另外，除了要对展品进行分析，还要从观展公众的需求角度进行展示设计，从而体现对公众的关怀。

镇江公安博物馆的筹建是为宣传镇江公安系统多年来在打击犯罪、维护地方和平的工作上取得的成果，其所面对的公众范围较广，既包括镇江的广大市民，也包括全国公安系统的公安干警。通过对镇江公安局提供的展陈文本进行分析，掌握了展品类型，并与博物馆项目负责人确定了具体展陈内容。

（二）现场实地勘测

对博物馆设计项目所处环境进行现场实地勘测，是展示空间设计前期调研阶段的重要一环，做好现场实地勘测工作，是保证博物馆设计项目能够顺利实施的前提。

如果现场实地勘测工作做得不到位，会导致后期的施工出现问题，甚至让设计方案无法实施。现场实地勘测的内容主要有：对设计项目所处的建筑空间及结构体系进行测量及分析，包括建筑面积、建筑层高及结构构件的尺寸测量，为后期空间的划分收集数据资料；查看场地原有出入口数量及位置，来分析观展路线以及展出期间空间内的人流动向；考查场地内的采光条件及设备，如通风、供水、照明、供暖、消防等分布情况，分析现存条件对展示设计的有利及不利影响；分析场地周边环境，从而组织好博物馆外部空间的交通及停车。

在进行设计之前，对将要进行拟建的镇江公安博物馆原始内部空间环境进行结构及尺寸勘测，从而为接下来的方案设计提供基础数据（图2-2）。

（三）收集与博物馆项目相关的设计资料

收集与博物馆项目相关的设计资料并现场参观与之相似的博物馆设计项目，也是前期调研工作的重要内容。相同类型的博物馆设计项目都会面临相同的问题，认真分析其他优秀的设计项目，有利于更好地解决本项目中存在的问题。因此无论是查阅图片资料还是现场参观，都是为了借鉴好的设计手法，避免设计缺陷的产生。

为了做好镇江公安博物馆的展示空间设计，对国内几家公安博物馆进行了实地调研，在调研过程中获取设计经验，同时，通过查阅相关的公安博物馆设计资料，为镇江公安博物馆的展示空间设计累积资料（图2-3）。

图2-2 原始内部空间
图2-3 资料分析

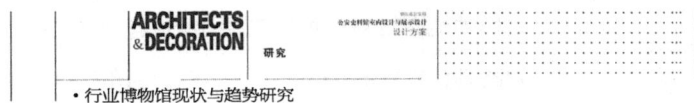

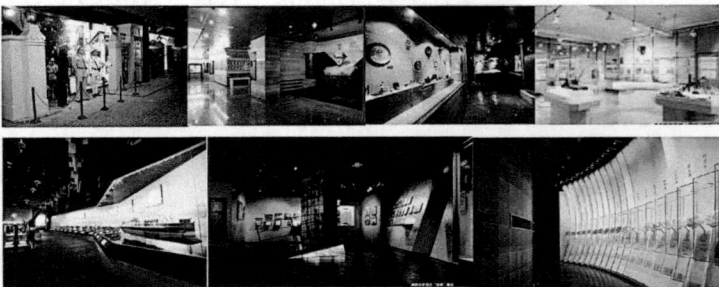

2-2

2-3

第二节
博物馆展示概念设计方案

　　提出博物馆展示概念设计是设计初步阶段的主要任务。展示空间设计初步阶段是在前期调研的基础上，通过对收集的资料进行整理、分析，以及与投资方反复沟通，最终提出一个展示概念方案，并以直观的效果图形式表现出来。此阶段的设计任务是：展示设计概念构思、展示流线（也是观展路线）的设定、展示空间的划分、展示道具选择、展示照明图式及整体色调的确定。

一　展示设计概念构思

　　如何构思展示设计概念是博物馆展示空间设计的关键，它决定着设计的走向，是展示空间设计的灵魂。在设计的初步阶段必须提炼出体现博物馆办展意图的展示设计概念，并通过构建"展示项目故事链"来体现，将博物馆需要展示的项目组织起来，并通过与博物馆内部空间的对应来控制展示环境氛围，以达到吸引公众、传递信息的目的。展示设计概念始终影响着博物馆展示空间设计的整个过程，展示设计概念的提炼是否准确，直接影响展示空间设计的成败。

　　根据公安博物馆提供的博物馆展陈文本，及与博物馆负责人的交流，明确了镇江公安博物馆的展示设计概念是弘扬正气、打击犯罪、继承优良传统、维护地区稳定，对镇江地域文化、警察职业特点、时代赋予警察使命作出完美应答。同时根据展陈文本提供的内容，设定12个展示项目，并采用串联的方式组织成"展示项目故事链"，整个展示空间的观展高潮在功勋墙项目处体现。在后期展示空间设计时，应紧紧围绕这一展示设计概念去进行展示空间划分、展示照明设计、展示道具设计、展示标识设计等工作（图2-4）。

二　展示空间划分

　　展品需要一定的空间来展示，不同的展品所需要的空间形态不同。因此通过前期调研对展品特性了解后，在展示设计概念的控制下，如何针对现有的博物馆内部

设计应对警察的职业特点、镇江地域文化、警察文化、时代精神这4个方面做出完美的应答

应对层面	对设计的要求
警察的职业特点	严肃、沉稳
镇江地域文化；	婉约、亲近
警察文化；	崇高、神圣
时代精神；	现代

综合梳理后的定位

庄重、典雅，彰显文脉的现代展示空间

2-4

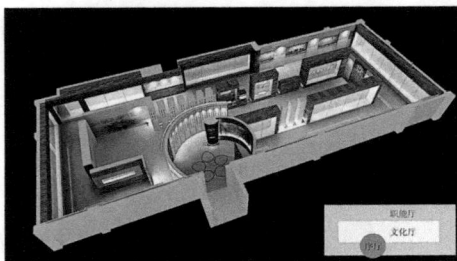

2-5

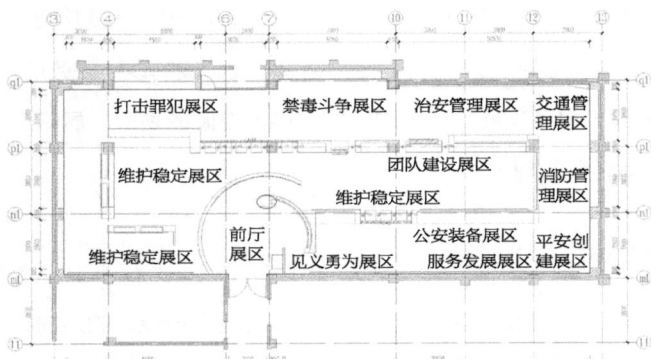

打击罪犯展区	禁毒斗争展区	治安管理展区	交通管理展区
维护稳定展区	团队建设展区		消防管理展区
	维护稳定展区		
维护稳定展区	前厅展区	公安装备展区	平安创建展区
	见义勇为展区	服务发展展区	

2-6

图 2-4　展示设计概念
图 2-5　公安博物馆空间划分
图 2-6　平面布局图
图 2-7　展陈项目布局

· 设计分析
空间结构清晰、人流动线通畅

1、历史沿革
2、维护稳定
3、打击犯罪
4、禁毒斗争
5、治安管理
6、交通管理
7、消防管理
8、平安创建
9、服务发展
10、见义勇为
11、公安装备
12、服务发展
13、团队创建

职能厅 文化厅

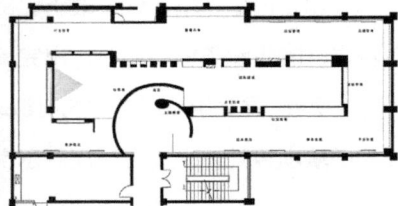

2-7

空间来进行划分，以满足展品展示的需要，则是应首先进行的工作。展示空间如何划分既是由展品类型、数量来决定的，同时也要受到现有的博物馆内部空间的环境限制。一般情况下，博物馆内部空间环境往往很难满足展品的展示，大都需要对内部空间进行改造，以满足展示需要。

根据投资方提供的镇江公安博物馆展陈文本及展品要求,整个镇江公安博物馆被分为序厅、文化厅、职能厅三个空间(图2-5、图2-6),包括历史沿革、维护稳定、打击犯罪、禁毒斗争、治安管理、交通管理、消防管理、平安创建、服务发展、见义勇为、公安装备、队伍建设共12个展陈内容。由于镇江博物馆的面积不大各展示内容又存在一定的相关性,所以整个博物馆展示空间采取独立空间的串联布局形式(图2-7)。

三　展线布置

展线既是展品的展示流线,同时也是公众的观展路线。展线设定是否得当也是博物馆设计项目能否获得成功的关键,合理的展线设定,能够让展品的布置合理,突出展示意图,使公众的观展行为更具秩序感,从而有效传递展示信息。根据博物馆设计项目的规模、性质、范围以及场地大小、展品种类多少,展线的设定形式也随之变化。展线是具有方向性的,入口为展线起点,出口为展线终点。单一的展示项目,展线相对简单;相对复杂的展示项目,除了有一条主展线外,也会存在多条辅助展线。

由于镇江公安博物馆展示空间采取了独立空间串联布局的形式,因此展线也相应采用单线型展线设置方法。这种展线设定对于公众的观展行为控制较强,使得公众基本上按照布展顺序进行观展,能够更好地领会镇江公安博物馆的布展意图(图2-8)。

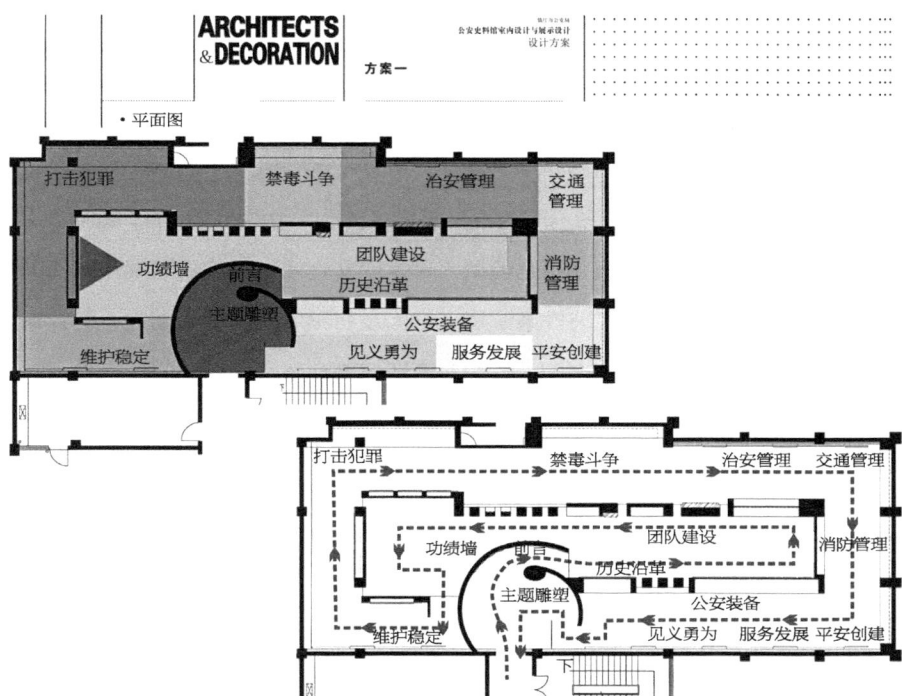

图 2-8　展线布置

四　展示道具选择

展示道具既是用来陈列展品的载体，同时又起到划分空间、强化展线的作用。展示道具的选择应与展品特点、展示意图保持一致，既能起到承载、烘托展品的作用，还要在展示主题的控制下与展示空间的整体风格融为一体。在进行展示道具的选择与设计时，切忌道具的造型、色彩喧宾夺主，要尽量减少对公众视觉的干扰，一定要以"配合演出"的理念来设计展示道具；另外，如果展示道具是独立设置的，应使之便于安装搭建，从而节省人力和物力成本，最好采用标准化、系列化为主的构成形式，联结方式以组合式、拆装式为主，方便包装、运输和储存；再有，展示道具的尺度在方便展品摆放的同时，也应满足公众视觉高度、色彩心理等因素的要求。

镇江公安博物馆展示空间内部的展示道具，根据类型分为三类，一是平面类展示道具，利用分隔墙壁，采用粘贴、悬挂等展示形式展示；二是立体展示道具，采用独立展台或异形展台作为展示道具；三是数字媒体形式展示道具，需要采用投影系统进行播放。

五　展示色调、亮度图式的设定

这里的色调是指博物馆内部空间的冷暖偏向，亮度图式是从展示照明的角度让观众去感受博物馆内部空间亮度的整体印象。亮度图式一般可以分为：低亮度图式、中亮度图式、高亮度图式，采用什么样的色调、亮度图式要依据展品及展示主题来确定，须知色调、亮度都是为展品来服务的，所以一定要以突出展品作为选择展示色调与亮度图式的依据，亮度图示的内容在博物馆展示照明设计章节将详细阐述。

镇江公安博物馆展示空间采用暖色调，来体现文化社科类博物馆展示空间的特征，这一色调的选择是综合了公安系统展示意图及各种展品的需求而定；另外在亮度图式的选择上也采用了中亮度图式，中亮度图式既让整个展示空间显得稳重，同时又能很好地突出展品，便于公众观看（图2-9）。

六　展示设计方案的整体效果

根据镇江公安局的要求，提出了方案一、方案二两套方案，最终博物馆将方案一确定为具体实施方案（图2-10 ～图2-15）。方案二从平面布局及展线设置上与方案一存在一些差异，在此也将方案二的效果图加以展示（图2-16 ～图2-20）。

图 2-9　展示色调与亮度图式
图 2-10　入口效果图
图 2-11　序厅空间
图 2-12　功勋展墙
图 2-13　金盾顶棚效果

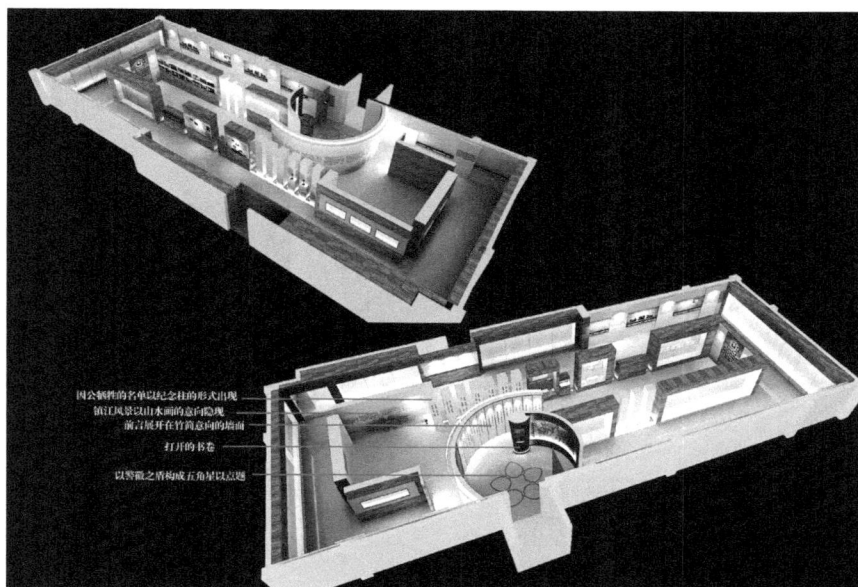

2-9

2-10

2-11

2-12

2-13

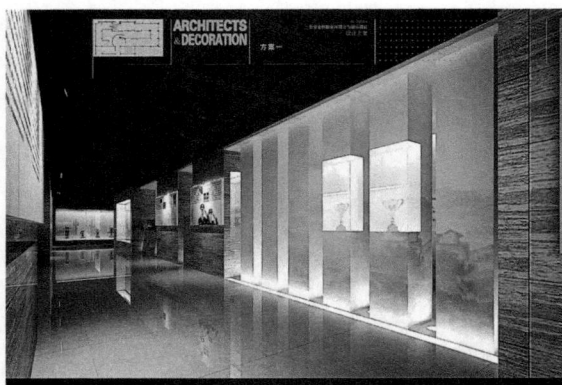

2-14

2-15

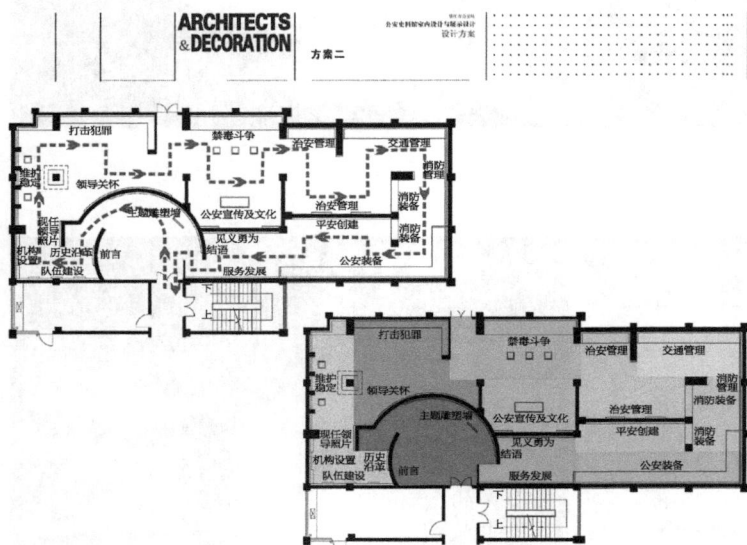

2-16

图 2-14　治安管理展区
图 2-15　见义勇为展区
图 2-16　方案二平面布局
图 2-17　方案二序厅
图 2-18　方案二维稳展区

2-17

2-18

图 2-19 方案二文化展区

图 2-20 方案二功勋墙

第三节
博物馆设计方案深化

　　博物馆展示空间设计方案深化设计阶段的主要内容是对设计方案可实施性进行推敲，主要内容包括：划分空间的结构体系选择是否合理；空间划分、道具所使用的材料及其构造形式的选择是否得当；进行施工前的具体尺寸确定；灯具及家具、装饰品的确定等。深入阶段是展示空间设计方案能否实现设计想法的关键，如果在此阶段不做认真分析，在施工的过程中就会出现很多问题，严重的会使施工无法进行而导致整个设计方案被推翻，所以在此阶段必须认真考虑施工过程中可能会出现的问题，从而在方案的深入过程中加以解决。

一　确立展示空间形态构建形式

　　目前，博物馆展示空间设计方案大都采用电脑绘制效果图的方法加以表现，这种虚拟现实的表现手法尽管能轻易地将不同形态的空间类型呈现出来，但在深入设计阶段却必须推敲不同的空间形态如何构建。在展示空间的划分过程中，往往需要借助于结构体系将现有的空间进行重新拆分或组合，这些做法都必须是在现有的博物馆结构体系上进行，而如何使空间划分更为合理，采用什么样的空间形态构建形式实现设计方案的渲染效果，都需要在设计深化阶段与相关结构人员、施工人员去

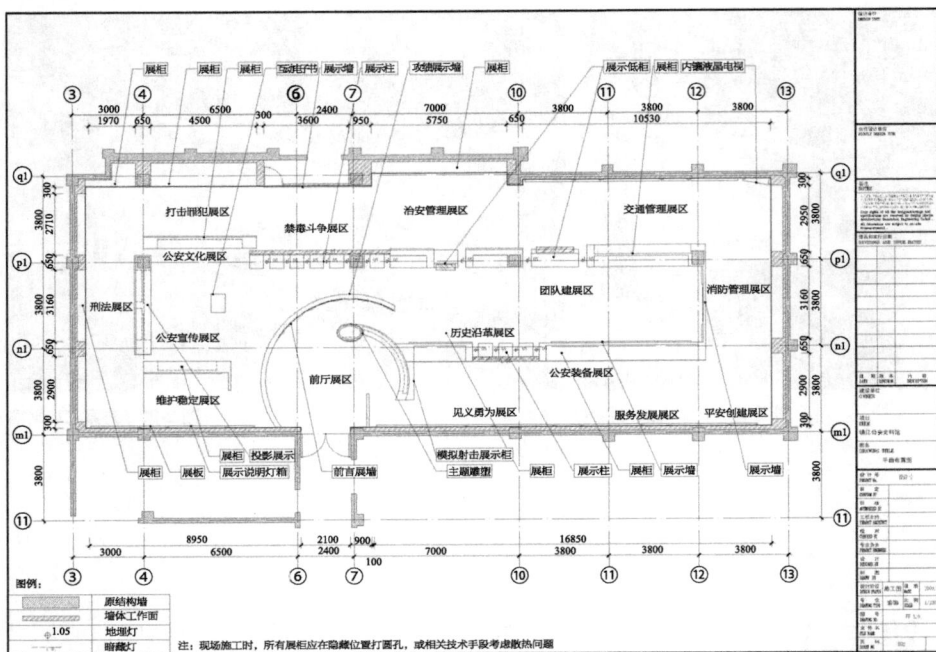

图 2-21　平面布置图

探讨，最终确立好合理的空间形态构建形式。当然，如果博物馆设计项目规模较小，或空间划分简单，则此处的设计工作可以忽略不计。

镇江公安博物馆的原始空间内由于承重要求，存在着四根结构柱，为了减少四根结构柱对博物馆串联式空间布局的影响，以及减少公众对结构柱的关注，根据四根结构柱的位置，将划分空间的隔断紧贴结构柱设置，这样既可削弱结构柱的存在感，也使得增加的隔断更加稳固（图 2-21）。

二　材料与构造形式的选择

选择什么样的材料来构建展示空间及设计展示道具，也是设计深入阶段所要考虑的内容。尽管在绘制电脑效果图时有了简单的材料意向，但还需根据展品需要、投资状况、工期长短等因素来综合选择构建展示空间及道具所需材料，选择材料的原则仍然是能够烘托展品、构建方式简单、符合环保要求。

展示空间的主角是展品，在构建展示空间及设计展示道具时，必须从突出展品的需求出发，无论是在整个空间的色彩选择，还是展墙、展示道具的构建材料选择上。镇江公安博物馆的墙面及地面采用石材以强化展示空间的严肃性；顶面采用深色的格栅，目的是削弱顶棚的存在感，使公众的注意力更好地放在垂直墙面的展品上；展示道具在材料选用上也与整体环境一致，目的是为了烘托展品（图 2-22）。

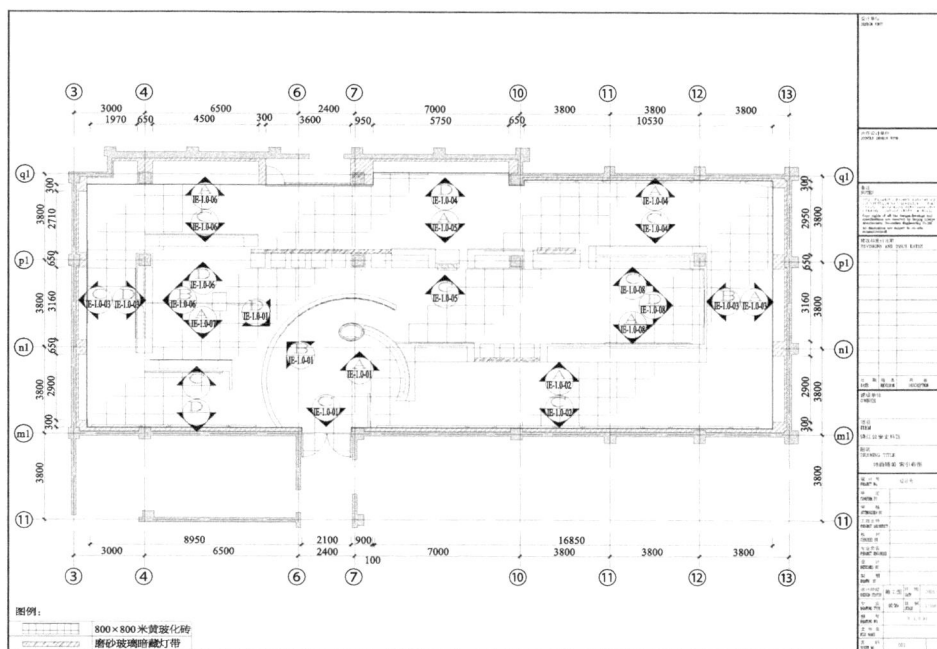

图 2-22
地面铺装索引布图

三　具体尺寸的确定

确定具体尺寸是展示设计深入阶段的重要工作，如果说初步阶段的设计成果是电脑绘制的概念效果图，那么此阶段的设计成果就是一张张数据翔实、材料清晰的施工图纸。效果图是给投资方准备的，而施工图纸则是为工人准备的，所以在尺寸标注上需尽量翔实、准确，工人们才能照图施工，一套完整的施工图纸就是对展示空间设计方案深入思考后的具体体现。

镇江公安博物馆在设计深入阶段也需要确定很多尺寸，如顶棚上公安徽章的扩大尺寸、功勋墙上的拼接尺寸、系列展示道具的尺寸、灯具之间的尺寸、投影幕布距投影机的尺寸、音箱之间的距离等，都要依据布展需求确定。细节尺寸的认真处理，是设计人员在专业上走向成熟的标志（图 2-23）。

四　灯具、装饰品的确定

展示空间内灯具及装饰品的选择原则就是必须保证灯具及装饰品符合展示空间的整体设计风格。当然对于灯具的选择，除了从外观上需要考虑外，还要使灯具的布置符合展品展示所需的照度，这就要从灯具的性能上、数量上加以考虑，对于大型的展示空间，灯具的安装还要照顾到如何引导公众安全疏散。

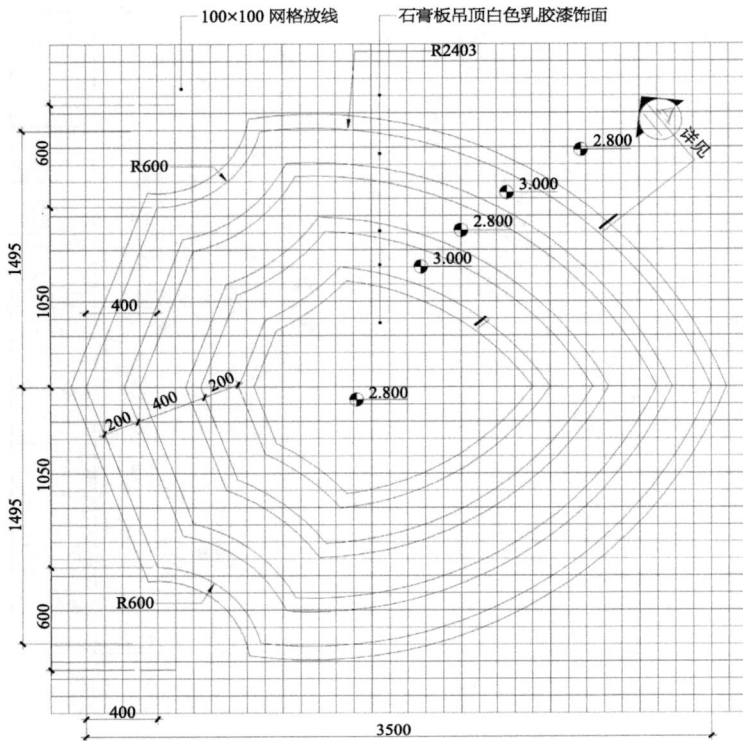

图 2-23　金盾图形放样

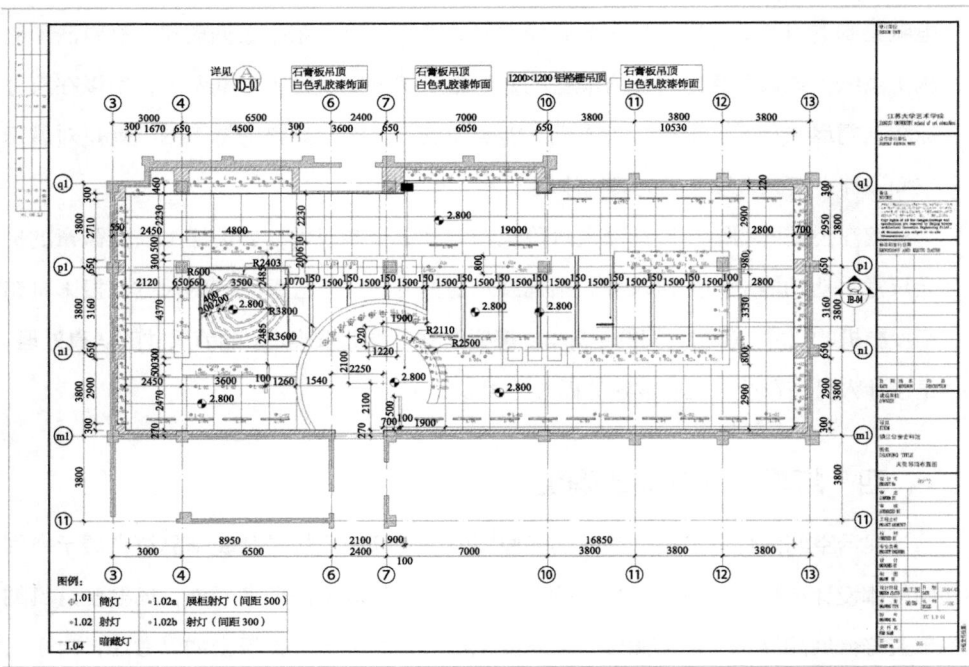

图 2-24　顶棚吊顶布置图

由于镇江公安博物馆照明环境选择的是中亮度图式，所以在顶棚设置显色性能好的环境灯将空间打亮，在利用墙壁的投射灯照射展品的同时，根据不同空间的亮度要求，在灯具的安装距离上加以控制，以确保合适的空间照度，并对灯具采用多路控制以适应后期的灵活展示要求（图 2-24）。

第四节
博物馆展示施工图纸绘制

博物馆展示施工图纸的完备是工程项目顺利进行的前提条件，施工图纸既需准确反映投资方的展示意图，也是施工单位完成施工任务的依据。如果说初步设计图纸的绘制，是为了给投资方准备的，那么，施工图纸则是为施工人员准备的。因此必须绘制得详细，才能确保施工人员按照预想的设计方案进行施工。

一 绘制施工图

设计方案经过设计单位与投资方的多次沟通，最终通过投资方确认并签字，接下来就进入了施工图纸的绘制阶段。这一阶段的工作不仅仅是图纸的详细绘制过程，更是一个深入的设计过程，因为必须在图纸中清楚地交代好每个构造节点的制作方法，以及室内装修、展示道具涉及的具体尺寸。同时绘制施工图的过程也是对设计方案的可实施性进行推敲的过程，绘制过程中一旦发现设计方案中存在的问题，就需及时加以调整，以保证后期的施工正常进行。施工图纸的内容除了展示空间的装修图纸、展示道具的制作图纸，也包括展示工程涉及的电气、给排水、通风、消防、弱电等各工种的施工图纸，因此在这一过程中，必须做好各工种之间的协调，以确保施工有序进行。

根据镇江公安局选中的方案一进行了施工图的绘制，具体图纸包括：图 2-25 ~图 2-38。

石膏板吊顶 白色乳胶漆饰面　石膏板吊顶 白色乳胶漆饰面　1200×1200 铝格栅吊顶　石膏板吊顶 白色乳胶漆饰面

图例：
① L-01 筒灯　② L-2a 隔栅缝灯（间距 500）
● L-02 射灯　● L-2b 射灯（间距 300）
● L-04 暗藏灯

2-25

双层石膏板白色乳胶漆饰面 600×600 白洞石
550×600 白洞石
干挂件　10 厚钢化清玻　50×50 镀锌方钢
650×600 白洞石　550×600 白洞石

2-26

白洞石
5 厚清玻
5 厚磨砂玻璃
10 厚白色木饰面
20 厚深色木饰面
白洞石
18 厚细木工板 防火处理

2-28

2.800
石膏板白色乳胶漆饰面

不锈钢喷红漆
20厚白洞石大理石胶粘合
18 厚细木工板防火处理
18厚细木工板侧板防火处理
18厚细木工板防火处理
50×50 镀锌方钢

20厚白洞石大理石胶粘合
***
3 厘板
18厚细木工板侧板防火处理
18厚细木工板防火处理
50×50 镀锌方钢

50×50 镀锌角钢
***
800×800 米黄玻化砖
水泥找平
±0.000

30×30 镀锌方钢
5 厚磨砂玻璃内发光
***
800×800 米黄玻化砖
水泥找平
±0.000

2-27

2.800
50×50 镀锌方钢　5 厚白色木饰面板
3 厚白色木饰面侧板　干挂件 600×600 白洞石
30×30 镀锌方钢
石膏板白色乳胶漆饰面　10 厚钢化清玻
展示内容贴膜　650×600 白洞石

双层石膏板白色乳胶漆饰面

石膏板白色乳胶漆饰面
±0.000

2-29

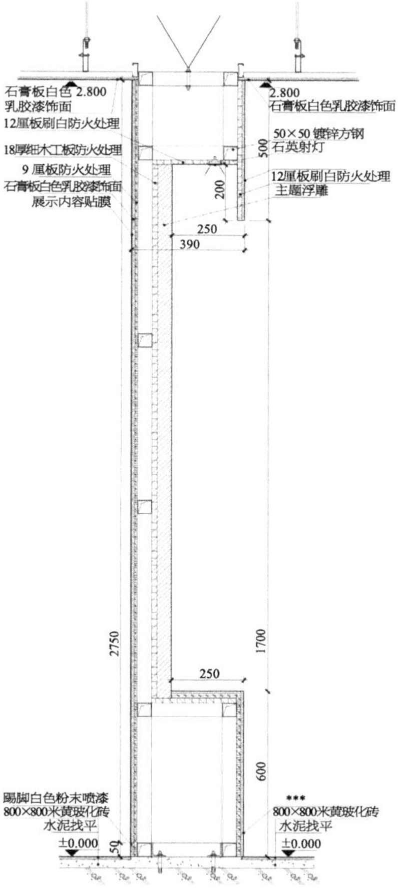

图 2-30 及相关立面图纸

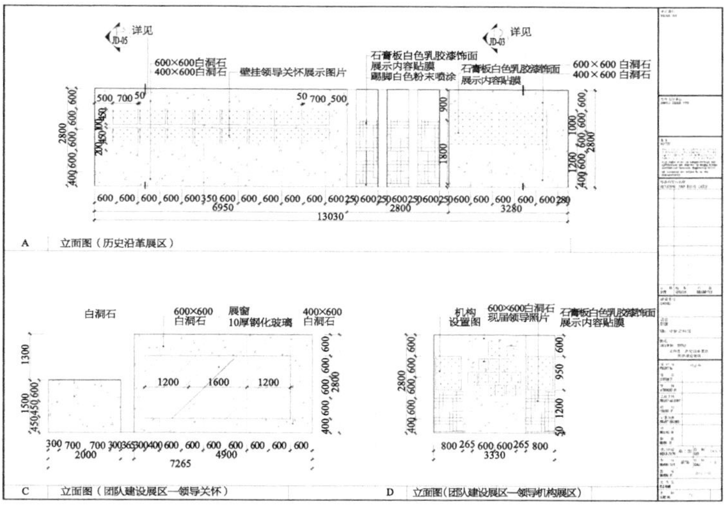

石膏板白色 2.800
乳胶漆饰面
12厘板刷白防火处理
18厚细木工板防火处理
9 厘板防火处理
石膏板白色乳胶漆饰面
展示内容贴膜

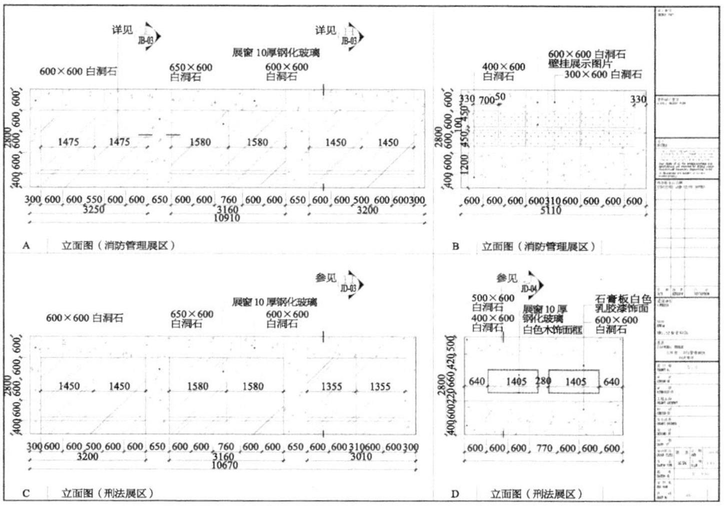

2.800
石膏板白色乳胶漆饰面
50×50 镀锌方钢
石英射灯
12厘板刷白防火处理
主题浮雕

踢脚白色粉末喷漆
800×800米黄玻化砖
水泥找平
±0.000

800×800米黄玻化砖
水泥找平
±0.000

2-30

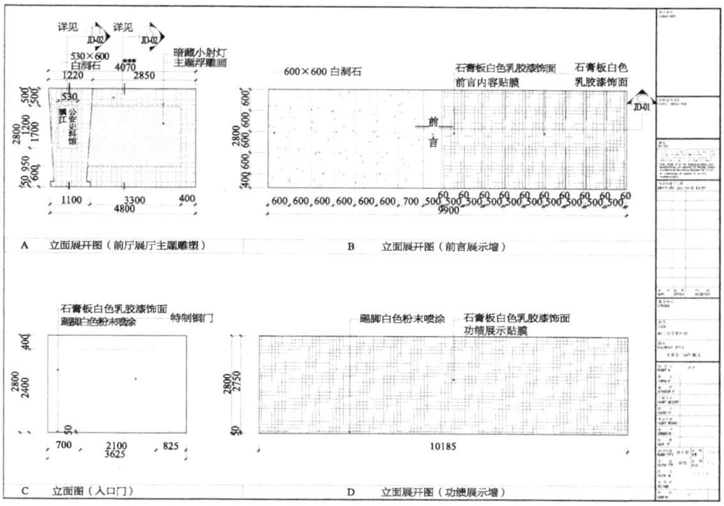

2-31

2-32

2-33

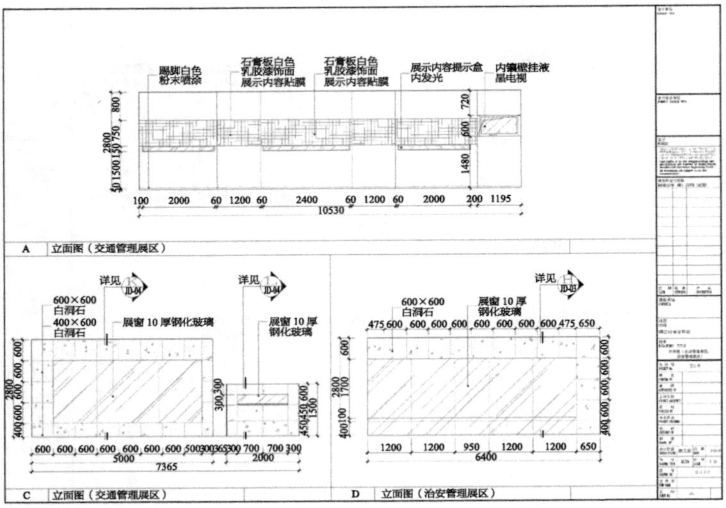

2-34

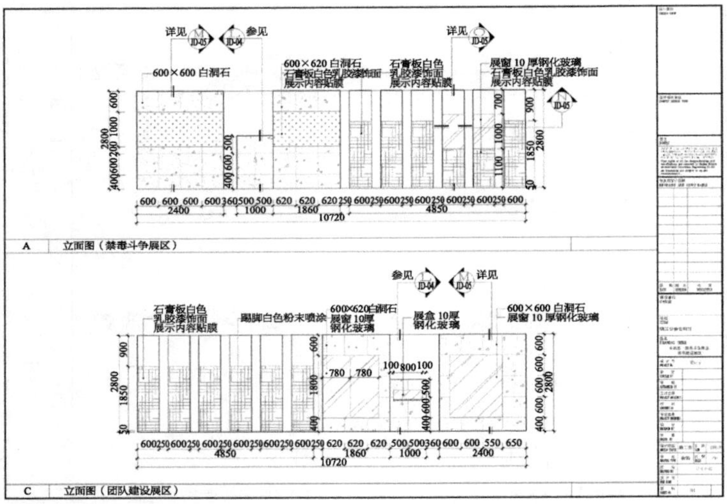

2-35

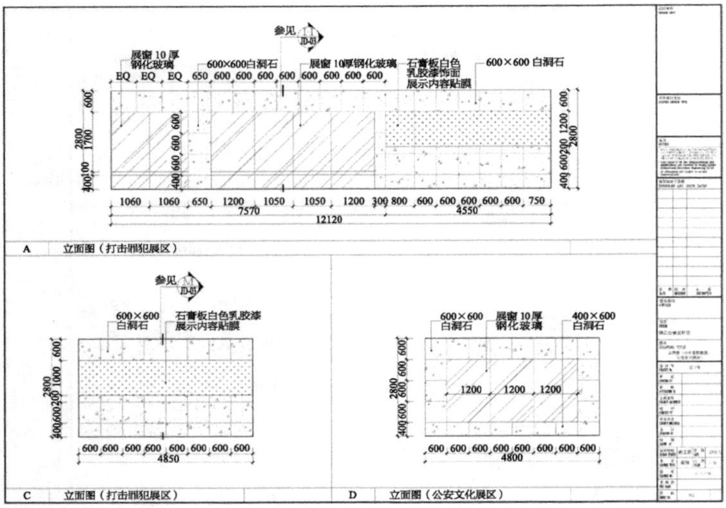

2-36

图 2-34　交通展区立面
图 2-35　禁毒展区立面
图 2-36　打击犯罪立面
图 2-37　维稳展区立面
图 2-38　装备展区立面

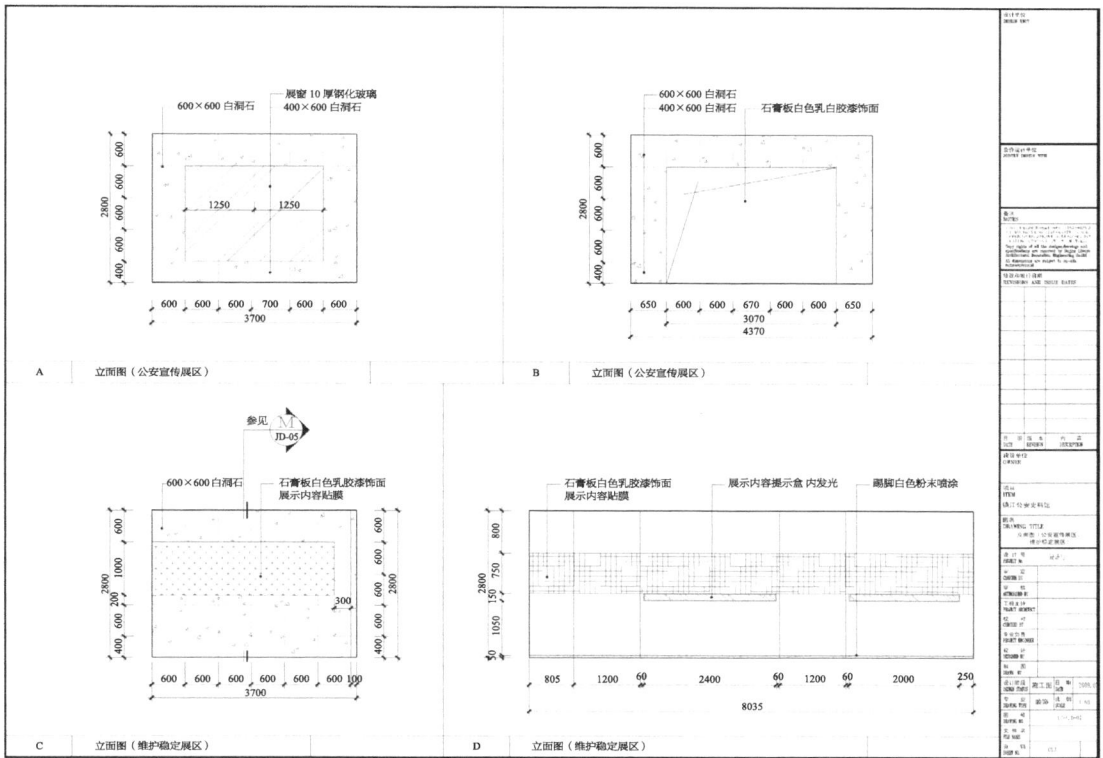

A　立面图（公安宣传展区）

B　立面图（公安宣传展区）

C　立面图（维护稳定展区）

D　立面图（维护稳定展区）

2-37

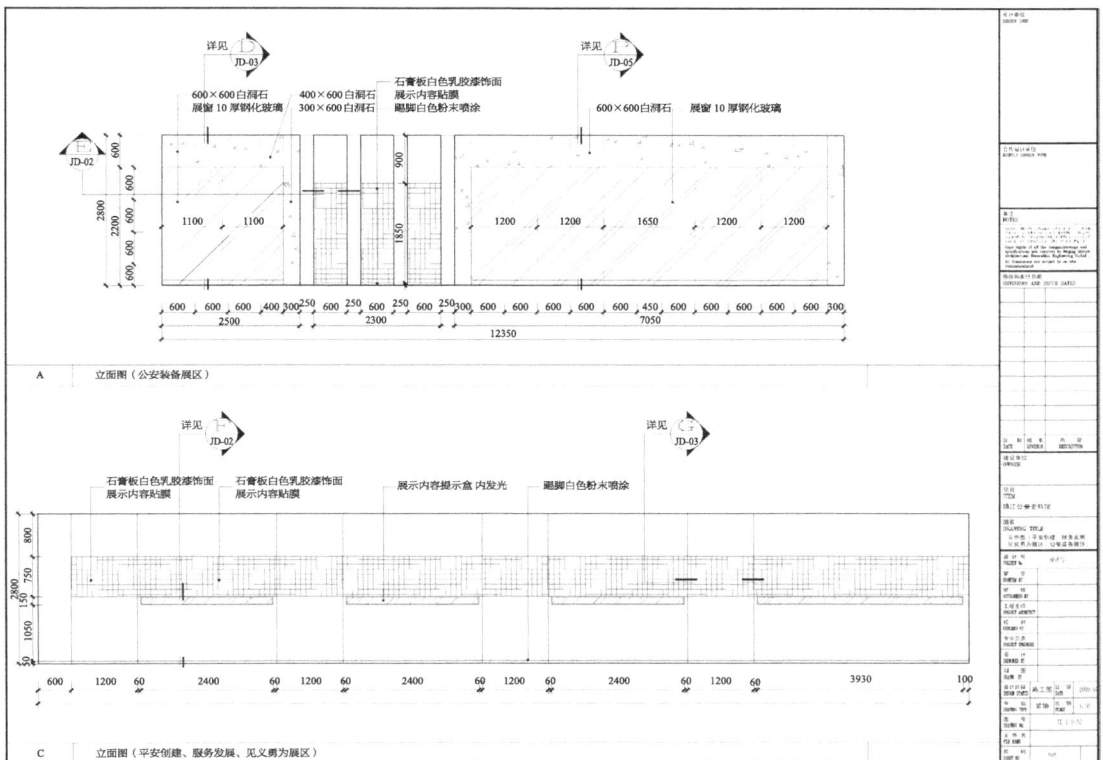

A　立面图（公安装备展区）

C　立面图（平安创建、服务发展、见义勇为展区）

2-38

二　协助预算

绘制施工图纸的同时，按照投资方的要求，还要给出一套详细的工程预算文件，这一文件主要由设计单位的预算人员完成。预算人员根据展示工程项目的时间情况，进行如下工作：列出展示项目所涉及的工程分项；依据施工图纸对各工程分项进行工程量的计算；依据施工图纸利用工程项目所在地区的定额进行套价；根据工程具体情况及相关文件进行调价；根据项目情况进行取费；最后计算整个展示工程的总造价。设计人员应该在项目预算过程中，为预算人员解答相关构造的具体做法以及帮助预算人员检查工程分项是否齐全。

第五节
博物馆设计方案实施

博物馆展示空间设计方案实施属项目施工阶段。在施工阶段，设计人员应给施工队伍做好施工前的方案答疑、技术交底工作，以及施工过程中的设计变更工作。在博物馆展示方案施工图绘制完成以后，在项目施工前，投资方往往要进行一次施工制作单位的招标工作。当然，对于施工单位的选择，投资方往往倾向于让在前期中标并绘制施工图纸的设计单位来完成，如果另请其他单位来进行施工，难免会人为地造成设计与施工之间的障碍，不能很好地将设计想法落实，同时如在施工中出现问题，也容易出现设计单位与施工单位之间互相推诿的现象。

一　施工阶段设计工作

施工阶段是将展示空间设计方案逐渐变成现实的过程，这一过程不只是由施工单位控制，更需要设计人员主动参与施工过程。施工过程也是检验设计人员利用专业知识解决工程问题能力的过程。在施工阶段设计人员的工作主要是解决图纸与施工现场之间出现的矛盾，由于现场勘测疏漏、资金不足、材料短缺、交叉作业、施工队伍素质差等诸多原因，会导致设计方案很难按图施工，这时就需要设计人员根据具体情况在尽可能尊重展示设计概念的前提下对方案进行设计变更，以保证工程按期完成，同时为施工单位出具设计变更图纸，以方便施工单位与投资方的后期决算。

施工过程中的设计变更在所难免，在进行镇江公安博物馆展示空间施工过程，变化最大的就是功勋墙的调整，由于投资方想进一步突出荣誉墙，所以将功勋墙尺寸加大了；其次是石材的选用发生了变化，由于施工工期的缩短，原定采用的石材无法按期运进现场，因此就在当地选用了颜色较浅的石材加以替换。施工过程中的调整需要投资方、设计师、施工单位共同商量完成，以使得最终的变更方案既符合投资方的要求，又便于施工，同时还要尽可能地体现展示设计概念。

二　竣工图纸绘制

整个博物馆展示项目竣工后，设计人员应在条件允许的情况下绘制竣工图纸，绘制意义在于给投资方提供一套与博物馆展示项目实际施工状况相吻合的图纸，从而为投资方在运营过程中的环境改造提供依据。由于镇江公安博物馆在施工过程中，在空间划分、灯具布置上的变化不大，所以只将功勋墙及顶棚定位图纸绘制了竣工图。镇江公安博物馆于 2010 年 3 月投入使用，以下为施工过程及竣工后的现场图片：图 2-39 ~图 2-46。

图 2-39　序厅效果
图 2-40　维稳展区效果

2-39

2-40

2-41

2-42

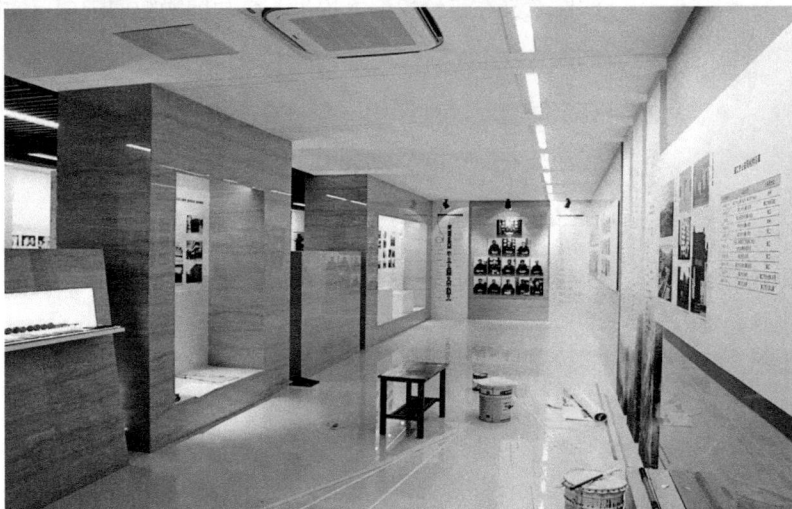

2-43

2-44

图 2-41 团队建设展区效果
图 2-42 禁毒展区效果
图 2-43 功勋墙展区效果
图 2-44 交通管理展区效果

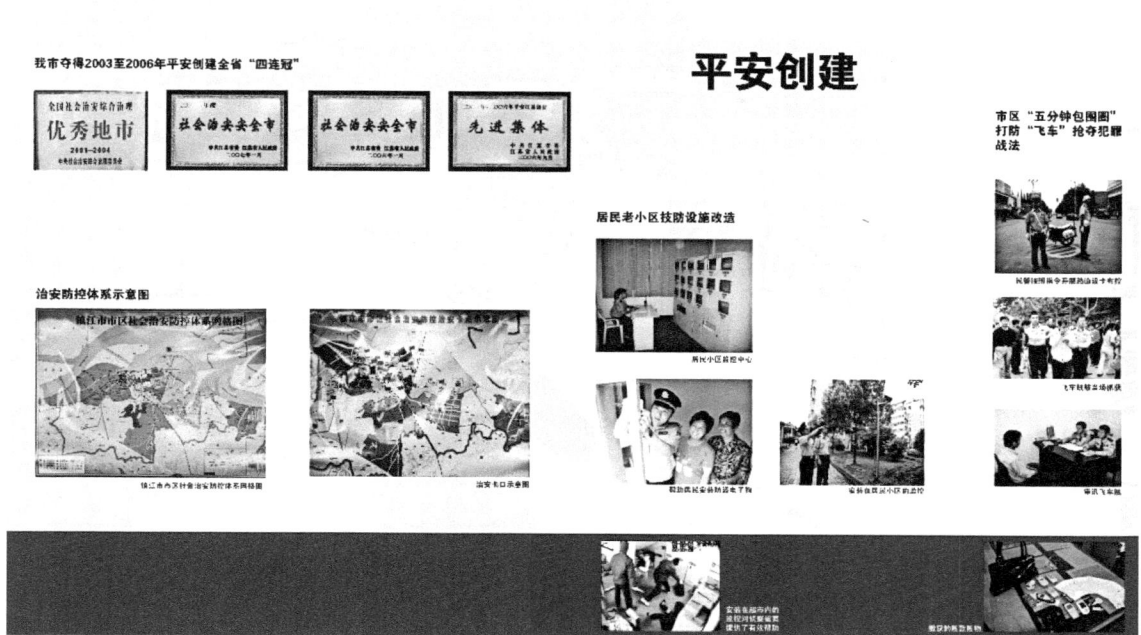

图 2-45　平安创建展板

服务发展

全市公安机关紧紧围绕党委政府在各个时期的中心工作和经济建设中心任务，主动融入大局、全力服务大局，在为全市经济社会发展创造良好社会环境的同时，提供了便捷、优质和高效的服务

图 2-46 服务发展展板

第三章

博物馆展示设计概念构思

3

博物馆展示空间设计方案的表达源自设计师提出的设计概念，而设计概念的提出则是基于对博物馆前期调研资料的分析整理，以及与博物馆方在展示意图上所达成的共识。展示设计概念与博物馆提供的内部空间密不可分，展示设计概念最终要落实到博物馆内部的空间中，因此，展示设计概念构思就必须围绕博物馆提供的内部空间组织进行。

第一节
展示项目故事链

博物馆的展示内容往往由多个展示项目构成，而如何将多个展示项目有机地组织起来，安排在博物馆内部空间中进行展示，从而很好地传递博物馆方的展示意图是关键。同时合理划分博物馆展示空间、做好展示照明设计及展示道具设计来突出展品，通过展示识别系统引导观展公众，也是博物馆展示空间设计的主要内容。

为了更好地进行展示设计概念的构思，可以将展示设计概念理解成讲故事，将博物馆涉及的多个展示项目用故事链贯穿起来，组成一个故事讲给公众，这就达到了博物馆展示空间的设计目的；而如何利用故事链将博物馆涉及的多个展示项目组织起来，很好地安排到博物馆展示空间内，就是展示设计概念的构思过程。将博物馆内部空间与展示故事链对应起来，有利于博物馆展示设计概念的叙述，如博物馆现有空间与展示故事链难以对应，则需要调整展示故事链以适应博物馆的内部空间，发挥博物馆空间形态的特点和优势，以利于讲述博物馆展示设计概念。

在已建成的博物馆内进行展示设计概念构思，首先应研究博物馆内部空间形态，可以选择博物馆的剖面来分析博物馆内部的空间构成（犹如图底关系），再依据空间构成关系来对应展陈文本、展示故事链的设计，让故事链与现有博物馆内部空间形态对应起来，这一过程还要考虑到空间内结构梁柱的存在对后期设计工作带来的干扰。

顺便提一下，如进行博物馆建筑设计时，则应把上述顺序反过来进行，先分析展陈文本，再确定各构成空间之间的大小、形状、高低等关系，然后有机地将不同的空间组织起来，就形成了博物馆建筑形态构成示意图。

第二节
展示项目故事链的设计

　　博物馆的展示内容由多个展示项目构成，而如何将多个展示项目很好地连接起来，是博物馆空间展示设计成败的关键。为了将博物馆展示项目很好地组织在一起，需要根据展品种类及特征、展陈文本、观众群体等进行分析，从而提出一个清晰的布展思路将所有的展示项目串接起来，形成"展示项目故事链"。"展示项目故事链"就像写作提纲一样，展示项目故事链与博物馆展示空间中的展线是有着对应关系的，空间中的展线是展示项目故事链的具体体现（图3-1）。

一　提出展示项目故事链

　　根据展陈文本、展品特点、博物馆空间现状提出几条可供博物馆方选择的"展示项目故事链"，如展品为历史文物则可按时间顺序进行组织"展示项目故事链"；也可依据历史事件按并列方式进行组织"展示项目故事链"；或以博物馆方拟定的主次展示项目组织"展示项目故事链"。

　　"展示项目故事链"的组织应体现展品的特点、个性，且能反映出布展节奏，确保"展示项目故事链"更好地实施。当然更重要的是应与博物馆现有空间环境进行对应，从而达到利用博物馆空间来强化展示设计概念的目的。

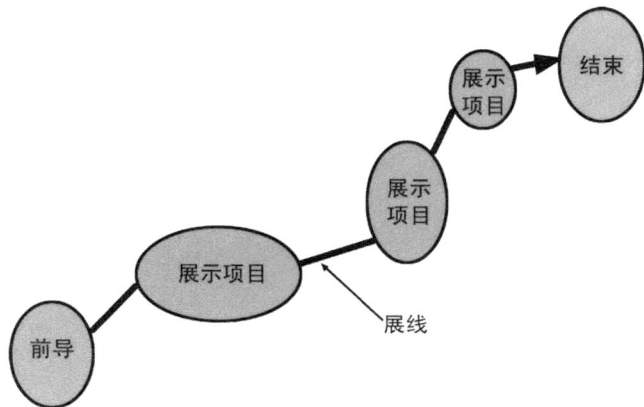

图 3-1　展示项目故事链

二 确定展示项目故事链

通过调研博物馆空间现状、展品数量、资金投入等因素，选择可实施性强、结构清晰的"展示项目故事链"。"展示项目故事链"应尽量对应博物馆方提供的展陈文本，同时也要考虑到博物馆既有的空间能否满足"展示项目链"的展开，以确保各展示项目的有效实施，此阶段可依据博物馆现有空间类型确定"展示项目故事链"形式：如现有空间属于共享空间类型，则"展示项目故事链"尽可能依据共享空间类型设置；如属主从空间类型，则尽可能用主从空间类型设置"展示项目故事链"。然后依据博物馆空间类型及展示项目情况对选定的"展示项目故事链"进行认真调整，并确定"展示项目故事链"上的主要部分及辅助部分，从而为具体的设计工作构建框架（图3-2、图3-3）。

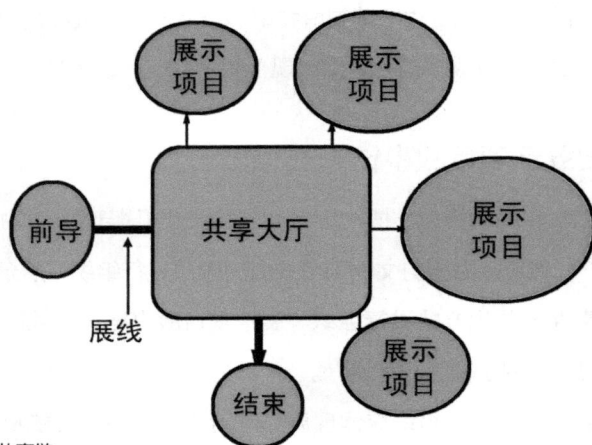

图 3-2 共享空间类型故事链

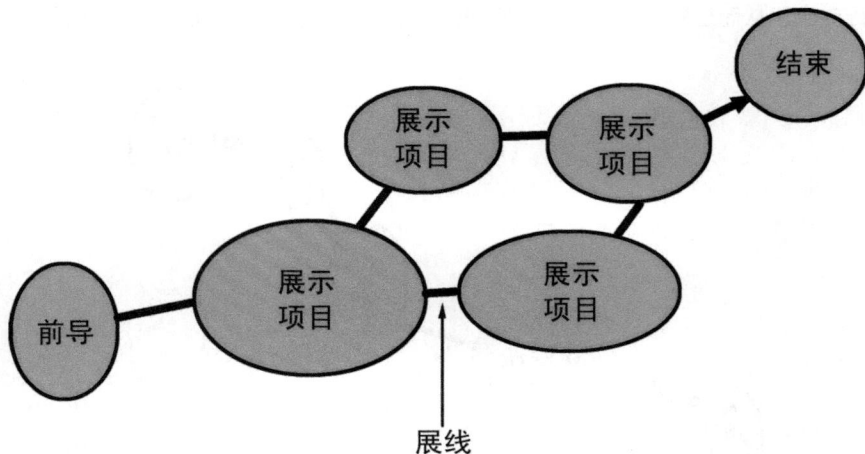

图 3-3 主从空间类型故事链

第三节
确定展示项目设计内容

　　确定了"展示项目故事链"后，就应依据这一结构在相应展示项目位置上设置对应的展示内容。展示项目在展陈文本中一般都有规定，即便博物馆方提供的展陈文本比较简单，设计师也可通过提供的展品类型、数量及展品之间的关联性来确定应该设置哪些展示内容。设置展示内容时应根据展示空间具体情况如空间形态、层高等来增加或减少展示内容以达到良好的展示效果（图 3-4）。

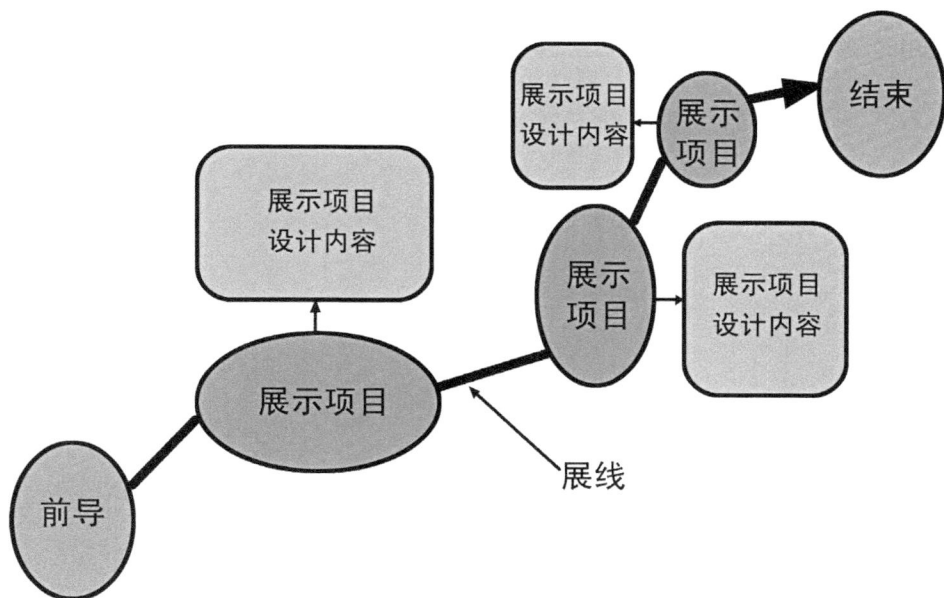

图 3-4　展示项目内容设计

第四节
展示设计概念表现

　　运用什么样的设计手法来表现展示设计概念也是此阶段应该明确的。同时推敲采用的设计手法是否有利于展示设计概念的表现，是否能够充分体现博物馆方的展示意图，而且能被即将来此观展的大多数公众所接受。

　　在此过程需要论证的是：展示设计概念是否能够突出展示意图，即展示设计的切入点从哪里入手，是否能够吸引公众来观展；选择的展示内容是否合适表现展示项目；是否采用了合理且具有创新性的展示设计手法来表现展示设计概念；能否符合不同层次公众的观展要求，通过增加娱乐性方法，使得公众能够乐于接受展示信息；选用的设计手法是否考虑后期运营的难易程度及费用支出等。

第四章
博物馆展示空间设计

4

　　博物馆展示空间设计可以简单地理解为"线与点"的组合，"线"是指展线（即展示流线、观展路线），"点"是指空间节点（包括展品的展示空间区域及附属功能空间），博物馆展示空间设计关键在于怎样处理好"线"与"点"之间的关系。不同类型的博物馆的展示空间通常会以"一线一点"、"一线多点"、"多线多点"的组合形式出现，如何针对博物馆内展品特性、数量、观展公众及场地现状进行分析，合理地设定展线，并通过设定的展线将博物馆内的空间节点有机地组织在一起，从而为公众创造良好的观展环境，传递展示信息，以实现进行展示空间设计的意义。本章将就"独立展示空间"及"复合展示空间"两大类空间形式进行研究，来进行对博物馆展示空间的设计探讨。

第一节
博物馆空间划分

一　博物馆功能划分

博物馆内部空间不仅是指陈列展品的空间，还包括为公众观展服务的附属功能空间，因此博物馆内部空间是由多个具有不同功能的空间组成，合理地组织好这些功能空间，才能更好地进行布展，方便公众观展，从而达到有效传递信息的目的。依据使用功能的不同，可将博物馆内部空间分为入口接待空间、信息展示空间、公众活动空间、附属服务空间及交通联系空间。

（一）入口接待空间

入口接待空间位于博物馆空间的起点，这一功能空间的布置除了起到接待以及向公众介绍展示内容的作用，还应起到引导、分流观展公众的作用（图4-1）。

（二）信息展示空间

信息展示空间即展品的展示空间，这是博物馆内部的主要空间，其他的功能空

图 4-1　入口接待空间

图 4-2　信息展示空间

间都依据此空间进行布局并为其服务。信息展示空间的大小、组合方式要依据展品的种类、大小及多少来定，对于简单的展品展示使用"独立展示空间"的布局形式即可；对于多种展品展示，则需采取"复合展示空间"布局形式来完成（图 4-2）。

（三）公众活动空间

公众活动空间是观展公众使用及活动的场所，公众在此停留、休闲及举办活动。随着博物馆免费开放政策的实行，观展公众层次的丰富，博物馆也逐渐拓展内部的公众活动空间，以满足不同观展公众的需求。公众活动空间通常包括：为公众设立的交流空间、休息空间、就餐空间、阅读空间等（图 4-3）。

（四）附属服务空间

附属服务空间是博物馆内部人员使用的诸如工作人员办公室、库房、工作间以及卫生间等，此类空间的设置通常围绕信息展示空间展开，不属于展示空间的设计范畴（图 4-4）。

（五）交通联系空间

交通联系空间是供观展公众及内部办公人员使用的交通活动场所，包括博物馆内部的过渡空间、人流及展品的运输通道、楼梯间等。广州博物馆内部交通空间宽敞，平时用作交通空间，在某些时段，还可以用来做临时的展示空间（图 4-5）。

4-3

4-4

图 4-3　公众活动空间
图 4-4　附属服务空间
图 4-5　交通联系空间

4-5

二　功能空间的序列

依据博物馆内部的不同功能空间关系，须将不同功能空间按照展示及观展的需要，利用展线将各功能空间有机地组合起来，从而便于公众观展。在组织这些功能空间时，首先应依据展示设计概念来合理设定展线，各功能空间围绕展线进行布局；其次要兼顾内部员工路线，员工路线虽居从属地位，但若规划得当，则可以提高博物馆内部工作效率并减少对公众正常观展的干扰。在进行组织博物馆内部空间时，应使沿展线布置的空间节点有主次区分，同时在展线上合理安排展示视觉中心，并通过明确的视觉标识系统让不同观展需求的公众观展行为有序。博物馆的功能布局图用于说明展示空间所需的功能区域及各功能区之间的相互关系（图4-6）。

入口接待空间是公众接受信息的第一站点，也是一个完整的观展活动的开始，在这一空间应突出展示活动的主题，并将展示空间的布局信息清楚地传递给公众。信息展示空间是公众接受信息的主要空间，展品在此空间陈列展示，在设计时根据展品的特性、种类的不同，将这一空间进行合理布局，以便于公众有针对性地观展，公众在空间的引导中逐渐达到观展高潮。公众活动空间是为观展公众提供服务的空间，公众在观展过程中，进行信息交流、休息及简单就餐都在这些空间进行。公众活动空间往往被安排在功能空间序列的后面，预示着公众接受信息这一行为的结束。

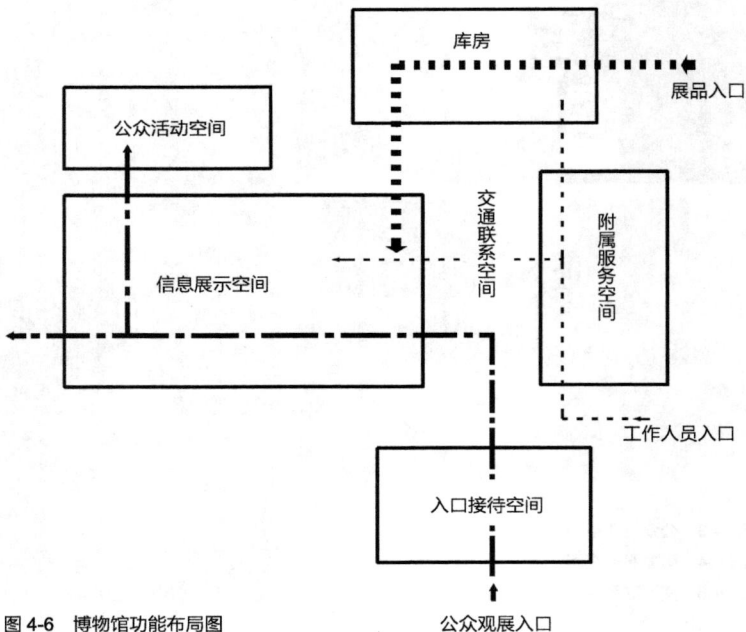

图4-6　博物馆功能布局图

附属服务空间主要是为公众观展行为的顺利进行提供服务，这部分的空间作为从属空间不被安排在主要公众人流的观展路线上，而是结合场地的条件，穿插在合适提供服务的位置，这部分空间主要包括：工作人员办公室、库房、展品工作间以及卫生间等。交通联系空间作为必要的公众观展路线及工作人员服务路线，一直贯穿整个展示环境中，需要说明的是当展示活动的规模较大、展品种类较多时，交通联系空间的布局相对会更加复杂。

三 展线形式设定

展线是展品的展示流线，当然也是公众的主要观展路线。根据博物馆的规模、空间形态、展品性质、观众类型等因素的制约，展线形式也随之变化。展线是具有方向性的，入口为展线起点，出口为展线终点。设定展线的意义是让展品按照博物馆的展示意图及公众需求去陈列展品，同时利用设定的展线引导公众有秩序地观展，便于传递展品所承载的信息。

展线应尽量依据博物馆所固有的空间相态、楼层情况、柱网间距等因素进行设定，同时要避免与博物馆内部人员流线产生交叉，展线设定要做到简单便捷、方向明确、连续畅通、布置灵活。常见的形式有单线型展线、闭合型展线、环形展线、辐射式展线、自由式展线、网格式展线、混合式展线等。具体采用何种展线布局，应视博物馆内部空间的具体情况而定。

第二节
博物馆展示空间布局类型

一 独立展示空间

（一）中小型独立空间

1.空间的特点

展品单一的博物馆以及政府、企事业内部的史料馆往往采用独立展示空间进行布展。由于独立空间不涉及空间的组合，且展示主题单一，所以空间设计相对简单，平面布局灵活，只要依据展品的特性，利用展位、展架、展台等展示道具来划分空间内的展示区域即可（图4-7）。

2. 空间布局手法

在一个独立空间内自由灵活地分隔空间，这种空间打破了传统的"组合"概念，它不是把若干个独立的空间通过某种方式连接在一起而形成整体，而是把一个空间分隔成为若干展示区域，这些展示区域虽然有所区分，但又互相穿插贯通，彼此之间没有明确的、肯定的界线，从而就失去了各自的独立性。这种空间形式是西方近现代建筑的产物，它的主要特点是打破了古典建筑空间组合的机械性，而为创造高度灵活、复杂的空间形式开辟了可能性。空间中的展线不固定，公众可在展示空间中自由选择观展路线。

在独立空间内进行空间划分应注意出入口的安排，出入口位置的安排不同，会对空间的利用率有所影响：如果独立空间较小，则出入口开在中间就会浪费展示面积，而放在一侧则会增加布展面积。出入口合在一起则容易产生人流交叉，如出入口分开设置，人流具有明确的顺序性和连续性，可避免观展人流的交叉（图4-8）。

形态与大小相同的独立空间，内部展品布局形式的不同，带来的空间感受也不一样：当展品沿四周摆设，空间显得开敞；当展品放置在中间，展线空间的感受则相对显得拥挤。

3. 展线形式

单线型展线：便于对展示空间进行控制，可以按博物馆的展示意图及设计师的构思来安排展品顺序，这种展线布局形式适合中小型展示空间（图4-9）。

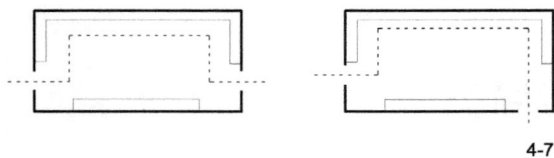

图4-7 中小型独立空间
图4-8 出入口安排方式
图4-9 单线型展线布置形式

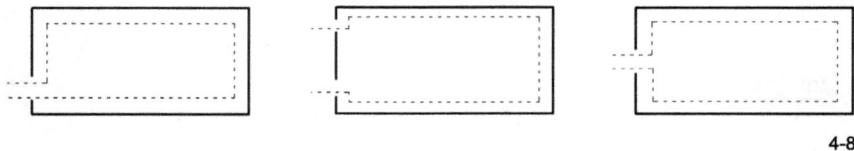

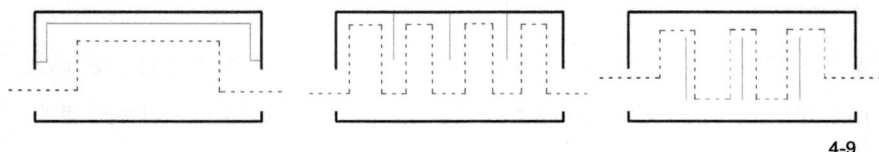

4-7

4-8

4-9

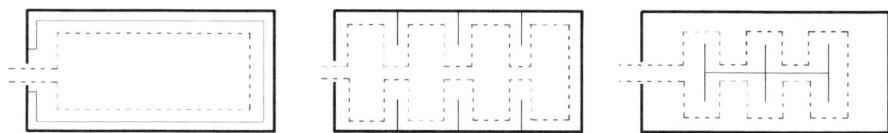

图 4-10 闭合型展布置形式

闭合型展线：适合于只有一个出入口的小型展示空间，展线单一，便于控制，但要解决好出入公众人流之间的相互干扰问题（图 4-10）。

4. 空间适合展示项目范围

中小型独立空间适合于展品单一的博物馆以及政府、企事业内部的史料馆，另外一些规模较小的私人收藏馆、艺术馆也适合独立空间展示布局。

5. 案例分析

西班牙巴塞罗那博览会的德国馆是采用围中有透，透中有围，围透划分空间的处理手法，使公众进入展览空间之后，沿隔断布置所形成的展示路线不断前进，在行进中，可以从不同的角度看到几个层次的空间。设计大师密斯·范·德·罗在该馆展示空间处理上，采用自由的空间划分手法，使有限的空间变成无限，无限的空间中包含着有限，以不断变化着的空间导向，使整个空间的展示形式流畅、有节奏，让公众在不断变换的展示空间中接收到德国馆内传递的展示信息。德国馆的总体布局，是由一个展示空间、一个服务空间及一个开阔的院落组合而成；德国馆的内部展示空间布局灵活，空间注重层次；展示空间的材料使用简洁，主要为钢材、玻璃及带纹理的石材（图 4-11 ~ 图 4-14）。

4-11

4-12

4-13

4-14

图 4-11　总体布局
图 4-12　外部空间
图 4-13　内部流动
　　　　空间
图 4-14　材料选用

（二）大型独立空间

1. 空间特点

大型独立空间往往被标准展位模数划分出若干个信息展示区域，而这些展示区域又通过均质分布的交通路线来连为一体。

2. 空间布局手法

在一个大型独立空间内沿柱网或按规定尺寸模数，对整个展示空间进行规则展位划分，并以标准展位为单位提供给展品，依据独立空间的出入口来设置整个空间的主要通道与次要通道，大型独立空间的均质布局手法，这一手法便于合理划分（图4-15）。

3. 展线设定

大型独立空间往往采用网格式展线形式，在大型独立空间内开展的活动尽管展品较多，但展示主题是一致的，展线无明确的方向，公众可以自由选择观展路线。使用这一展线布置形式时要做好展示空间的引导系统，从而方便公众快速观展（图4-16）。

4. 空间的适合范围

大型独立空间适合于展品具有相同特点，或同属一类展品。这种展示方式适用于博物馆的临时展厅以及博览会的空间布局。

5. 案例分析

中国国家博物馆是世界上建筑面积最大的博物馆，总建筑面积近20万平方米，总用地面积7万平方米，建筑高度42.5米，地上5层，地下2层。建筑由两轴两区构成，两轴为：由西门到东门的东西轴线和由南到北的南北轴线；两区为：由中轴内中央大厅分隔的南北两个展区。西门面向天安门广场，与人民大会堂相对，北门

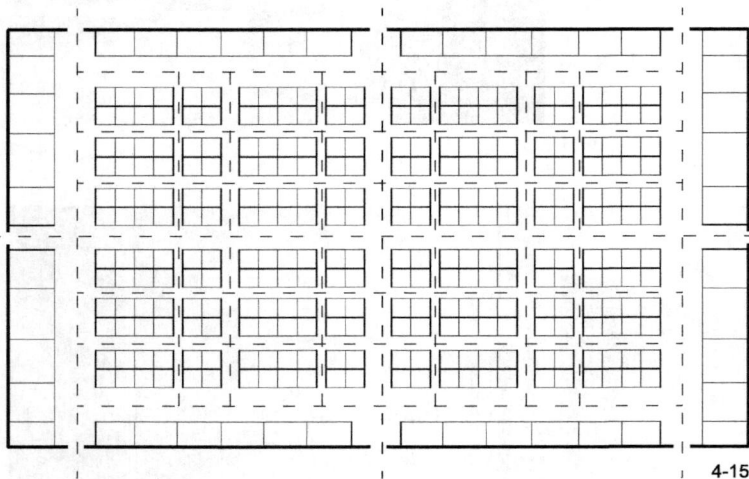

4-15

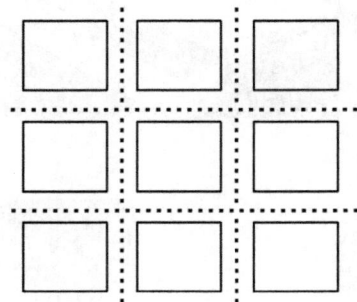

4-16

图4-15 大型独立空间
图4-16 网格式展线示意

图 4-17 中国国家博物馆内部（引自国家博物馆官网）

图 4-18 中国国家博物馆中央

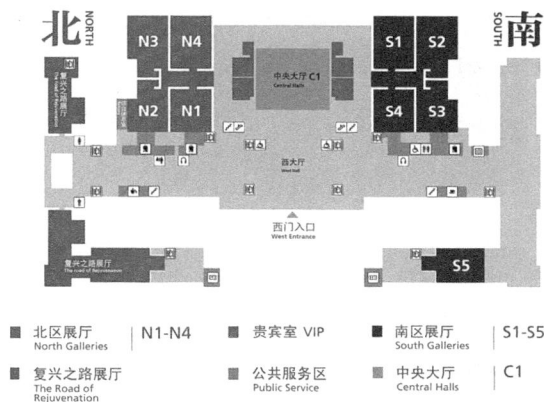

图 4-19 中国国家博物馆一层（引自国家博物馆官网）

图 4-20 古代中国基本陈列

面向长安街。南北艺术长廊长 260 米，高 28 米，顶部有 368 个采用中国传统建筑风格的藻井，有着独特的装饰、采光、照明和通风等作用。现有展厅数量 48 个，最大的面积为 2000 平方米，最小的近 800 平方米。另有近 800 个座位的剧场，近 300 个座位的学术报告厅，600 平方米的演播室，以及 2800 平方米的图书馆，还有大面积对公众开放的休闲公共空间以及 600 个车位的地下停车场。中国国家博物馆的基本陈列有古代中国陈列、复兴之路两个部分；专题陈列有中国古代青铜艺术、中国明清家具珍品、中国古代佛造像艺术、馆藏明清扇面艺术展、中国古代钱币、馆藏古代经典绘画作品、中国古代瓷器艺术展、中国国家博物馆百年简史与成果展、党和国家领导人外交活动受赠礼品展（图 4-17、图 4-18）。

作为中国国家博物馆的基本陈列之一，"古代中国陈列"共 10 个展厅，以珍贵文物为主要见证，系统展示中国从远古时期到清末的漫长历史进程，全面展现中华文明持续不断的发展特点和各族人民共同缔造多民族国家的历史进程，彰显中华民族在政治、经济、文化诸方面所取得的辉煌成就和对人类文明的伟大贡献。该陈列继承原"中国通史陈列"的诸多优点，吸取近年来最新的学术研究成果，又多次听取国内多位知名专家的意见与建议，最终精选 2520 件展品，其中一级藏品 521 件，以"远古时期"、"夏商西周时期"、"春秋战国时期"、"秦汉时期"、"三国两晋南北朝时期"、"隋唐五代时期"、"辽宋夏金元时期"、"明清时期"等 8 个部分展现辉煌灿烂的中华文明（图 4-19、图 4-20）。

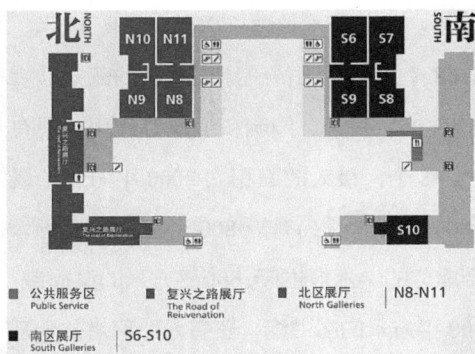

图 4-21 中国国家博物馆二层（引自国家博物馆官网）　图 4-22 复兴之路基本陈列

"复兴之路"基本陈列位于二层北馆展厅，通过回顾 1840 年鸦片战争以来，陷入半殖民地半封建社会深渊的中国各阶层人民在屈辱苦难中奋起抗争，为实现民族复兴进行的种种探索，特别是中国共产党领导全国各族人民争取民族独立人民解放、国家富强人民幸福的光辉历程，充分展示历史和人民怎样选择了马克思主义、选择了中国共产党、选择了社会主义道路、选择了改革开放，充分展示了历史和人民为什么必须始终坚持高举中国特色社会主义伟大旗帜不动摇，坚持中国特色社会主义道路不动摇，坚持中国特色社会主义理论体系不动摇（图 4-21、图 4-22）。

二　复合展示空间

（一）串联空间模式

1. 空间的特点

串联空间模式也称线性模式，是指信息展示空间彼此相连，并且呈线性排列。当展品属同一类型或同一系列展品，往往采用串联空间模式，优点是便于对展示空间进行控制，可以按博物馆及设计师的意图来安排空间，这种空间组合通常用于同一展示主题的展示活动图（图 4-23）。

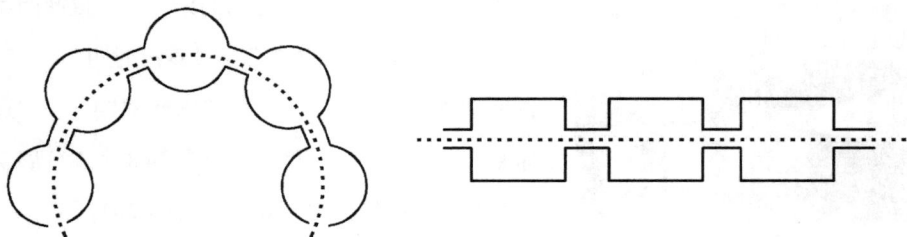

图 4-23 串联空间模式

2. 空间的布局手法

信息展示空间彼此相连，并依据一定顺序逐一串通，从而形成一连续的空间序列，这种空间组合形式的各信息展示空间直接连通，不仅关系紧密并且具有明确的顺序性和连续性，它通常适合于线性空间布局的博物馆。

3. 展线设定

展示空间相互串联时，展线也常采用具有一定方向性的连续展线，这样的展线简单明确，入口可分可合；只是公众观展时不能灵活选择，只能按既定的顺序观看，并且不同的信息展示空间也不方便分段使用（图4-24）。

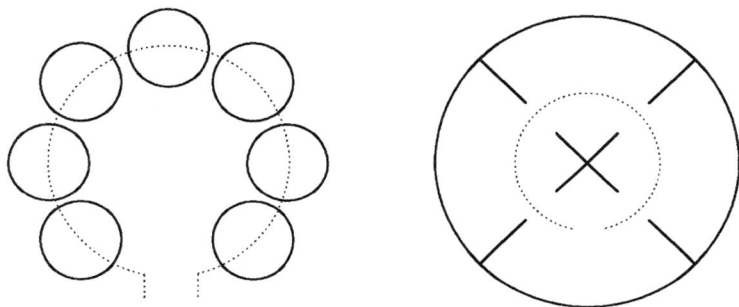

图4-24　串联空间展线

4. 空间的适合范围

串联空间模式适合于线性空间布局的博物馆，展品之间有一共同属性或展品是以时间为主要关联因素。

5. 案例分析

纽约古根海姆博物馆是纽约著名的地标建筑，由美国20世纪最著名的建筑师弗兰克·劳埃德·赖特（Frank Lloyd Wright）设计，建筑坐落在纽约市一条街道的拐角处，与其他任何建筑物都迥然不同，像一条巨大的白色弹簧。建筑师多年来一直探求以一条三维的螺旋形的结构，而不是圆形平面的结构来包容一个空间，使公众真正体验空间中的流动性。赖特认为公众沿着螺旋形坡道走动时，周围的空间才是连续的、渐变的，而不是片断的、折叠的，他认为螺旋形是展示空间体现流动性最好的形式，1986年由他设计的古根海姆博物馆获得了美国建筑师协会25年奖的殊荣。古根海姆博物馆的建筑外部向上、向外螺旋上升，内部的曲线和斜坡则贯通六层，螺旋的中部形成一个敞开的空间，从玻璃圆层顶采光。美术馆分成两个部分，大的部分是一个六层展示空间，小的部分是四层的行政办公区，展示空间大厅是一个倒立的螺旋形空间，高约30米，大厅顶部是一个花瓣形的玻璃顶，四周是盘旋而上、层层悬挑的展示坡道，

4-25

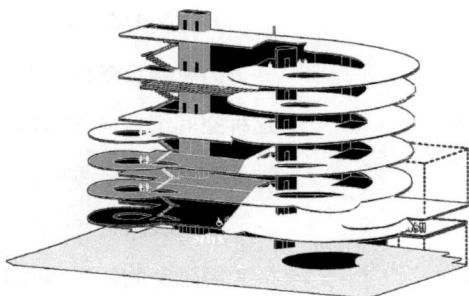

4-26

4-27

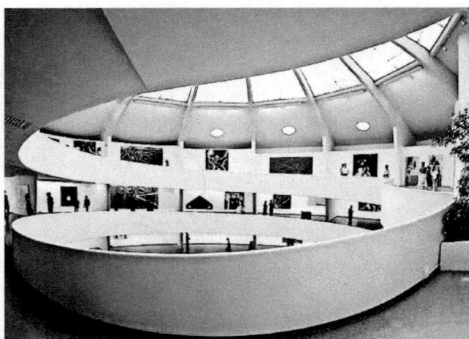

4-28

图 4-25　古根海姆博物馆建筑
图 4-26　古根海姆博物馆内部
图 4-27　古根海姆博物馆共享
图 4-28　古根海姆博物馆照明

坡道以 3% 的坡度缓慢上升，观展的公众先乘电梯到最上层，然后顺坡而下，观展路线共长 430 米，博物馆的展品就沿着坡道的墙壁悬挂着，观众边走边欣赏，不知不觉之中就走完了六层高的坡道看完了展品，这显然比那种常规的一间套一间的展览室要有趣和轻松得多。由于古根海姆博物馆的设计基形是螺旋，因而馆内没有分隔的楼层，赖特将各楼层以一螺旋形坡道相连，公众可沿着坡道参观挂在弯曲墙面上的艺术品。负责照顾馆内艺术品的管理者指出由于坡道的倾斜使有些艺术品不适合在这里展出，并认为坡道对公众的观展距离也会产生一定的限制，但这并不能削弱古根海姆博物馆作为展示空间设计的经典范例在公众心目中的美好印象（图 4-25 ~ 图 4-28）。

（二）并联空间模式

1. 空间的特点

并联空间模式也称辐射式空间模式，是指不同的信息展示空间彼此并列设置，互不干扰，且都以入口空间为中心，围绕入口空间周围布置，入口空间既是交通枢纽又起到分流公众的作用，信息展示空间之间没有从属关系，各自构成独立展区，当展品之间相互差异很大或不属于同一类展品时常采用这种模式。通过分区、分层的信息展示空间布局，使展品分区明确，公众也将依据展品的分区直接进入各自感兴趣的展示区域，这种空间模式有利于减少观展人流的相互干扰，常用于多主题的展示项目（图4-29）。

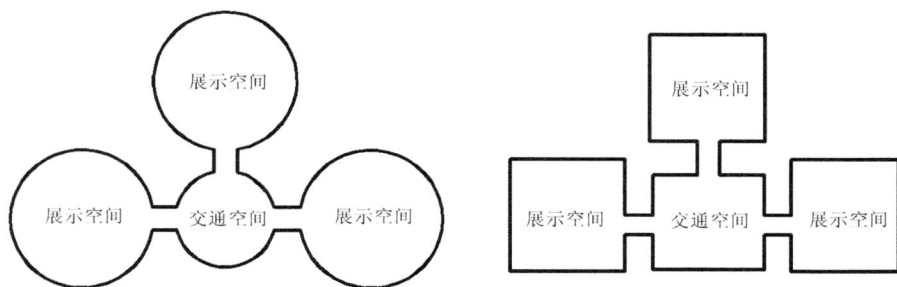

图 4-29　并联空间模式

2. 空间的布局手法

控制好入口空间的大小，既要空间开敞，减少公众人流路线交叉，快速分流；还要避免浪费面积，将入口空间做得过大。各信息展示空间的布置应都能与入口空间建立很好的联系，避免相互间的穿插通过。

3. 展线设定

当信息展示空间采用并联的空间组合方式时，内部往往采用辐射式展线。辐射式展线可以使得公众灵活地进入不同的信息展示空间而互不干扰，这一展线布局形式利于公众有针对性地进行观展（图4-30）。

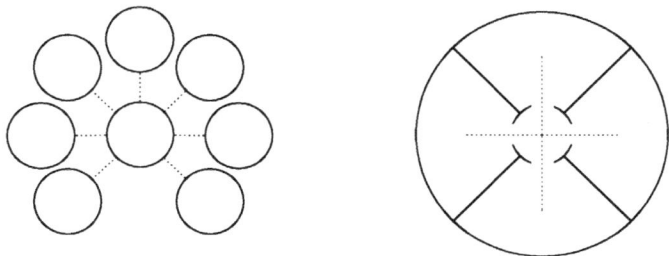

图 4-30　并联空间展线

4. 空间的适合范围

并联空间模式适合大中型的博物馆，这些博物馆展品丰富，主题较多，由于存在不同主题使得展品分区展示。

5. 案例分析

首都博物馆建设用地面积 24800 平方米, 总建筑面积 63390 平方米, 地下 2 层,
地上 5 层, 北部设计了绿色文化广场, 东部设计了下沉式竹林庭院。建筑物(地面以上)
东西长 152 米、南北宽 66 米左右, 建筑高度 41 米。建筑外形主要由矩形围合结构、椭
圆形外立面和金属屋顶三部分组成。建筑内部分为三栋独立的空间即: 矩形展馆、椭
圆形专题展馆、条形的办公科研楼, 三者之间的则为中央礼仪大厅, 中央礼仪大厅面
积 2000 余平方米、高度 34 米, 其中国文化特征突出、现代气息浓郁, 是举行礼仪活动
和大型文化活动的理想场所。礼仪大厅作为交通枢纽既起到联系各展示空间的作用,
又为举办礼仪活动提供空间。首博内部不同类型展厅相对独立, 既便于公众有选择地
参观、缩短观展路线, 又便于安防管理。宽阔的展厅面积和充足的高度, 也为丰富多样
的展陈设计提供了理想空间。3000 余平方米的临时展厅将为国内、国际文化艺术交流
提供一流的展示平台。智能化温湿度控制系统、安防消防系统, 为举办最珍贵级别的
文物展提供了条件。首都博物馆内设基本陈列、精品陈列和临时展览。基本陈列有:《古
都北京·历史文化篇》、《古都北京·城建篇》、《京城旧事——老北京民俗展》。《古都北
京·历史文化篇》、《古都北京·城建篇》是首都博物馆展陈的核心, 表现了恢宏壮丽的北
京文化, 不断递升并走向辉煌的都城发展史, 成为创建国内一流博物馆的品牌陈列。
精品陈列有《古代瓷器艺术精品展》《燕地青铜艺术精品展》《古代书法艺术精品展》《古
代绘画艺术精品展》、《古代玉器艺术精品展》、《古代佛教艺术精品展》、《书房珍玩
精品展》, 这七个馆藏精品展览和《京城旧事——老北京民俗展》是对北京文化展现
的补充和深化(图 4-31 ~图 4-34)。

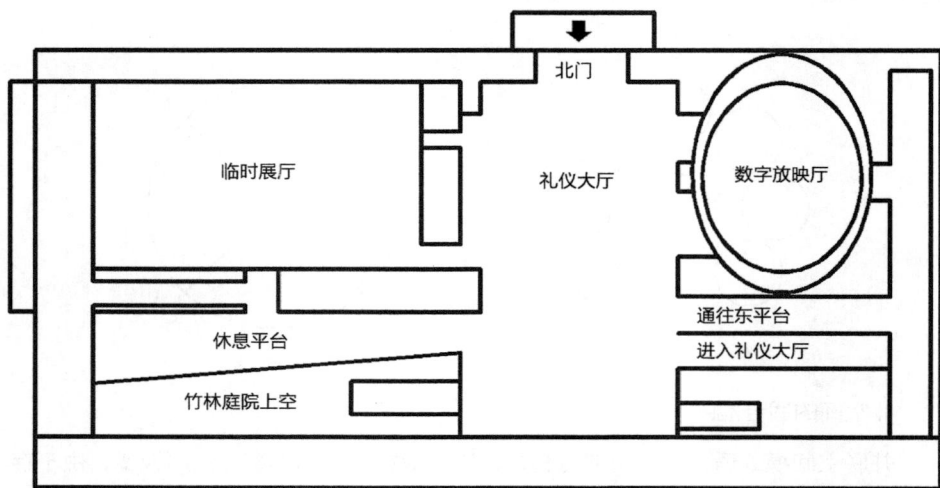

图 4-31　首都博物馆一层平面

4-32

4-34

4-33

图 4-32　首都博物馆建筑形态
图 4-33　首都博物馆内部空间
图 4-34　首都博物馆休闲空间

（三）主从空间模式

1. 空间的特点

以体量较大的主体展示空间为中心，其他信息展示空间环绕这一主体空间周围布置。这种空间组合形式的特点是主体空间十分突出、主从关系明确。另外，由于附属展示空间都直接地依附于主体展示空间，因而与主体空间的关系也很紧密。这种类型的复合空间既可用于同一展示主题的展示活动，也可用于不同主题的展示活动（图 4-35）。

2. 空间布局手法

以体量较大的主体展示空间为中心，附属信息展示空间依据与主题展示空间的关系密切程度设置在主体展示空间周围。主体空间居于主导地位，附属信息展示空

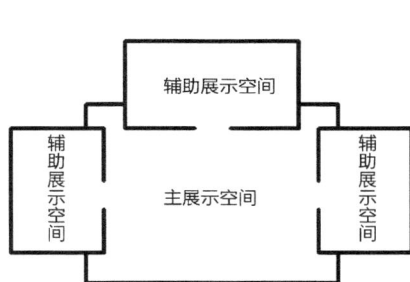

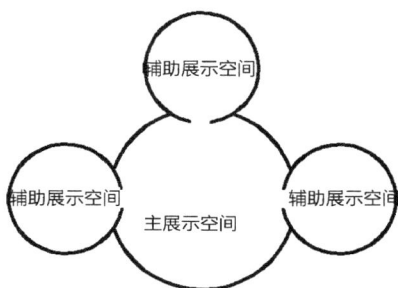

图 4-35　主从空间模式

间居于从属地位。

3. 展线设定

当空间内只存在一个展示主题时，展线一般采用具有一定方向性的连续展线，使公众按既定的顺序观展；而当空间内存在多个展示主题时，可选择辐射式展线，使得公众灵活进入不同主题的信息展示空间。

4. 空间的适合范围

主从空间模式适合中型博物馆，也适合政府、企事业单位史料馆等由多主题为展示内容，展品因属性不同而分区展示。

5. 案例分析

广州民俗博物馆面积 1200 平方米，原为一独立开敞的办公空间，因此层高相对过低，采光也不符合展示空间的要求。当将其改造为民俗收藏展示空间时，则需对原始空间进行重新改造以适应新的展示功能要求。首先进行的是空间的划分，考虑到此民俗馆的展品为服饰、工艺品及书画，所以要照顾到三类展品应有各自独立的展示空间，同时结合原始的空间形状，通过两面展板做成的隔断墙将原来单一的空间划分为以主展示空间为中心，辅以三个从属展示空间的组合形式；考虑到整体空间的面积不是很大，为了减少因添加两面隔断墙带来的各空间压抑感，将两面隔断墙设计成上下通透的形式，让分割后的展示空间显得通透些；并依据空间的内部与外部环境的关系设置出入口，从而设定公众观展的展线，如图中虚线所示（图 4-36）；由于此空间的展品为艺术品，因此将这个空间的背景设置为灰色调以突出展品；同时由于原始空间的采光为玻璃幕墙，不符合展示空间的采光，所以采用人工照明来加以改善（图 4-37）。

图 4-36　主从平面布局
图 4-37　工艺藏品展示

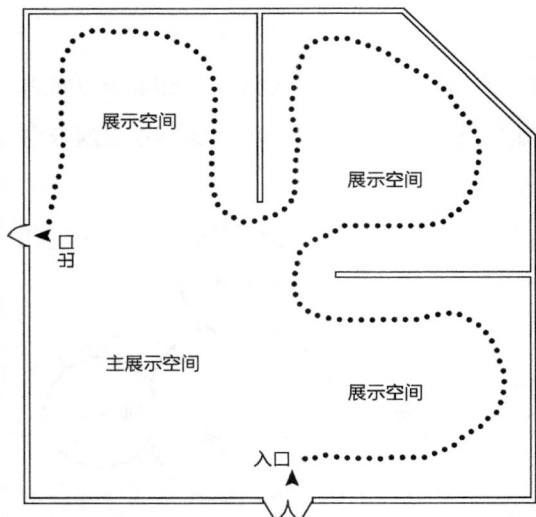

4-36

4-37

（四）廊道空间模式

1.空间的特点

用一条供交通联系用的廊道将各信息展示空间组织起来，各信息展示空间互不相连，这种复合空间形式称为廊道式。各信息展示空间没有直接的连通关系，而是借廊道来联系。这种组合形式由于把信息展示空间和交通空间明确地分开，从而既保证各信息展示空间的独立，不受干扰，同时又因廊道的穿过将各空间连接为一个整体（图4-38）。

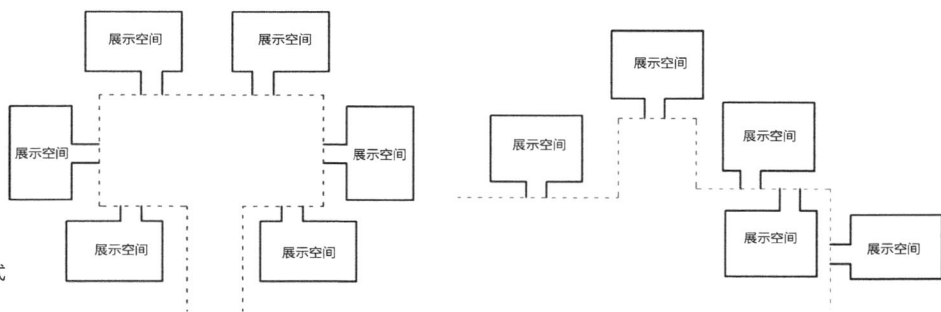

图 4-38　廊道空间模式

2.空间的布局手法

用一条供交通联系用的廊道将各信息展示空间连接起来，这条廊道也就承担了展线的功能，公众通过廊道进入不同的信息展示空间观展。廊道可长可短，应视场地条件而定。在采用廊道式展示空间设计时，应注意在适当的位置设立几条捷径，以便于让不想继续观展的公众选择。

3.展线设定

这一展线布局模式适合中小型展示空间，针对展品无明确的先后顺序，可以让观展公众按自己意图自由观展（图4-39）。

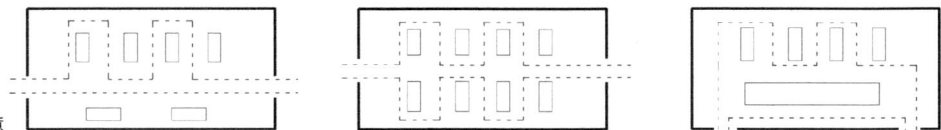

图 4-39　自由展线示意

4.空间的适合范围

廊道空间模式适合于由几个单层或多层建筑连成的博物馆组群，如由一组历史建筑改建的博物馆。展品有一共同属性，但对展品之间是否存在相互关联并不作考虑。

5. 案例分析

黄埔军校旧址纪念馆位于广州黄埔长洲岛，是民国初期大革命时期孙中山在中国共产党和苏联的帮助下建立的一所新型军事学校。孙中山以"创造革命军，来挽救中国的危亡"为办校宗旨，以"亲爱精诚"为校训，学习苏联的建军经验，培养革命的军事人才。军校群英荟萃，名将辈出，在中国近代史和军事史上具有重要意义。军校校址面临珠江，坐南朝北，是一座建筑面积约10600平方米，具有岭南风格的南方祠堂式建筑。大门之内，前后四进，东西两边各有四栋房子，形式一致，相互对称，错落有致，房子之间以走廊连通，四周建有围墙，自成一体，宁静幽雅。该楼俗称"走马楼"，原为清朝末年的陆军小学堂，著名将军邓演达、叶挺等人早年曾在这里学习过。黄埔军校开办后，这里是军校的中心，各部办公室、课室、宿舍、厨房、饭厅、储藏室都设在这里，国共两党许多的著名人物，如：周恩来、聂荣臻、何应钦、顾祝同等，都曾在这里工作、学习和生活过。1938年广州沦陷前夕，走马楼被日机炸毁，夷为平地，1984年将校址开辟为黄埔军校旧址纪念馆建馆，1996年，按照国家文物局批示的"原位置、原尺度、原面貌"的原则重建了校本部，基本恢复了当年军校师生生活和学习的场所（图4-40、图4-41）。

4-40

4-41

图 4-40 黄埔军校旧址纪念馆
图 4-41 黄埔军校布局模型
图 4-42 黄埔军校展示空间
图 4-43 黄埔军校场景陈列
图 4-44 连接展厅廊道
图 4-45 共享空间模式

4-42

4-43

4-44

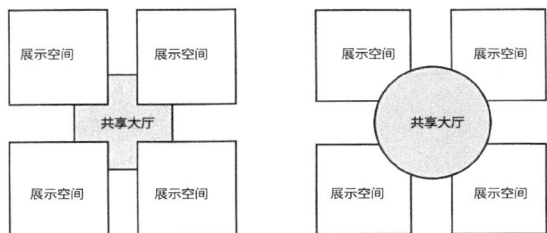

4-45

基本陈列有三个："粤海关黄埔分关及其旧址变迁"、"黄埔群英馆"、"黄埔军校史迹展"。"粤海关黄埔分关及其旧址变迁"主要讲述的是粤海关黄埔分关的发展历史和旧关址的变迁情事，此展览分三个部分，第一部分为黄埔分关的创设，从清政府开海禁、设关口的背景来讲述粤海关黄埔分关的设立经过；第二部分为黄埔分关的发展，主要反映在外籍税务司制度管理下黄埔分关的业务情况；第三部分为黄埔分关旧址的变迁，介绍了黄埔分关旧关址，俗称孙总理纪念室的小楼变迁历史。"黄埔群英馆"共展出 42 幅油画作品，其中不仅有大家熟悉的孙中山、廖仲恺、蒋介石、周恩来等叱咤风云的人物，也有戴安澜、谢晋元、赵一曼等在革命征程中壮烈牺牲的黄埔英雄，还有郭沫若、茅盾等近代文化界的风云人物，让人们从更感性、更具象的角度来认识英雄荟萃的黄埔军校。"黄埔军校史迹展"通过近 200 多张照片，100 多件文物，从黄埔岁月、军校变迁、情系黄埔三个部分，生动再现了黄埔军校辉煌和黄埔师生英勇奋战，不怕牺牲，在统一广东、建立广东革命根据地、北伐、抗日战争中所立下的彪炳青史的赫赫战功，在中国近代史和军事史上有着深远的影响和重要作用的这段纷繁复杂的历史（图 4-42～图 4-44）。

（五）共享空间模式

1. 空间的特点

共享空间形式往往用于复杂的展示项目如省级博物馆，这类展示空间的特点是采用一个共享大厅将各信息展示空间连接起来，这类复合空间中展示主题为多个，各独立信息展示空间都有着各自的展示主题，且展线复杂，共享大厅既起到联系各信息展示空间的作用，同时也起到分流观展公众的作用。

这一空间模式便于公众选择观看及利用共享大厅进行空间定位（图4-45）。

2. 空间的布局手法

这种展示空间的特点是以共享大厅为中心呈辐射状态引导公众进入不同信息展示空间。以共享大厅直接与各信息展示空间相连，共享大厅作为一种专供公众集散和交通联系的空间，通过它把各信息展示空间连接成一体，这个中心既可将公众分散到不同的信息展示空间，又可使各信息展示空间的公众汇集于此，这一共享大厅对于那些在相对复杂的展示空间内观展的公众来说能够起到很好的定位作用。一个大型的展示活动视其规模大小和功能要求可以设一个或几个这样的定位空间，其中可以有主有从，主要的中枢即是中央大厅，通常与主要入口结合在一起，起着观展公众人流的分配作用；次要中枢即是过厅，也起着公众人流再分配的作用。

由于共享大厅集中地担负着公众人流分配和交通联系的任务，从而使前来观展的公众有针对性地选择信息展示空间进行观看，同时又大大地减轻了公众对不同信息展示空间的干扰。在一般情况下，只设一个中央大厅，让展线变得简单，公众在空间内部容易定位；同时也可以保证各信息展示空间不被穿行；另外公众还可以从共享大厅进入任何一个信息展示空间而不会影响其他信息展示空间，为大型展示空间的使用和管理增加了灵活性。

3. 展线设定

对于大型的共享空间形式，展示时往往存在多个展示主题，且展品类型也相对复杂，观展公众人流常出现往返交叉现象，故常采用串联与并联叠加的展线类型（图4-46）。

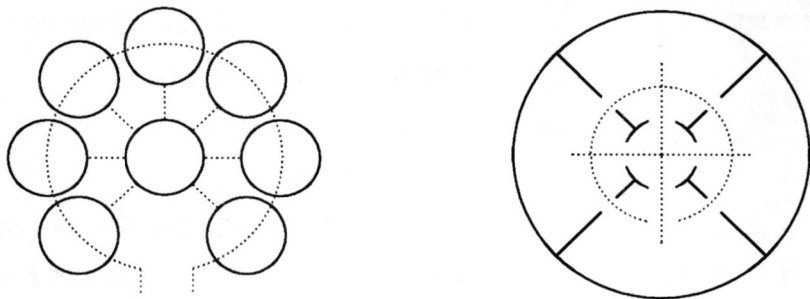

图 4-46　共享空间展线

4. 空间的适合范围

共享空间模式适合于大型的博物馆，这类博物馆展品较多，观展公众较多，这一类型空间布局形式是考虑到展品属性不同而进行分区展示的结果。

5. 案例分析

河南博物馆位于郑州市区农业路，占地面积 10 万平方米，建筑面积 7.8 万平方米，大厅面积 3 万余平方米，累计投资近 3 亿元人民币，历时 5 年建成。主体展馆位于院区中央，后为文物库房，四隅分布有电教楼、综合服务楼、办公楼、培训楼等。主体建筑造型新颖，气势恢宏，上置正斗以承甘露，下接覆斗以纳地气，建筑布局合理，气势雄浑，充分体现了源远流长、博大精深的中原文化特征。河南博物院主体展馆呈金字塔形，共四层，高 45.5 米，整体建筑共有 9 座，采取中国传统建筑中心对称布局，它具有东、西、南、北四正向的定位，其四角由 4 根斜梁互撑，可为四维，整体而论，构成四面八方，体现出易经八卦的特质；金字塔顶，指向北中天，象征中原乃地心天中；有九鼎定中原的寓意。整个内部空间以共享大厅为中心，各信息展示空间分设在这一共享空间四周，共享大厅即是交通枢纽，作为导引空间起到公众分流的作用。馆内设有基本陈列空间、专题陈列空间、临时陈列空间、文物库、报告厅、放映厅、图书馆、计算机中心、文物保护中心等，另外馆内还有自动消防系统、安防监控系统、办公自动化管理系统、文物保护系统、电教系统等设施（图 4-47～图 4-50）。

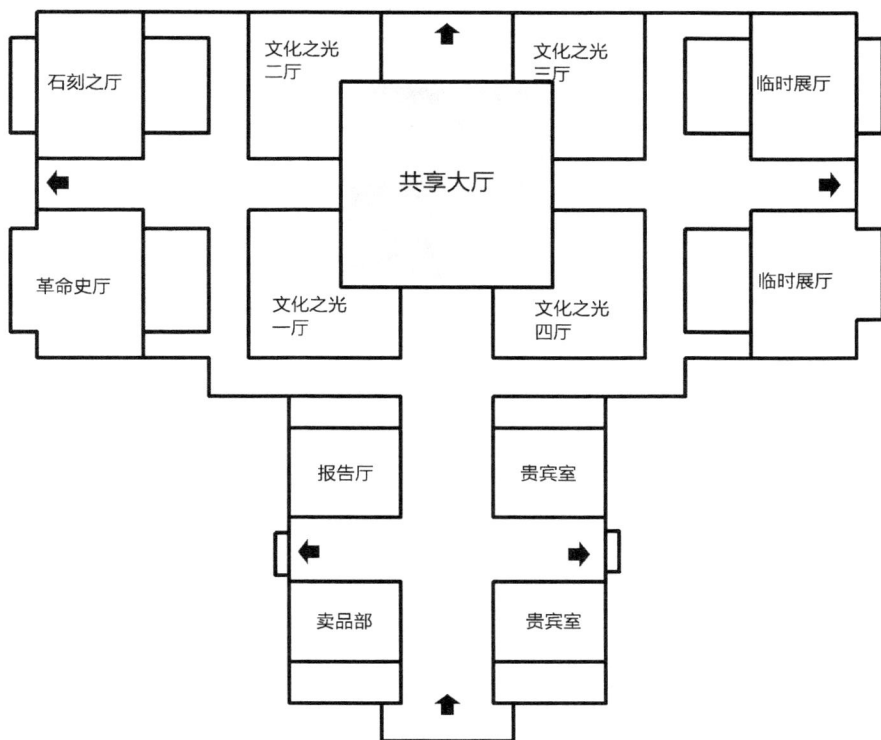

图 4-47　河南博物馆平面布局

4-48

4-49

4-50

图 4-48 河南博物馆建筑形态
图 4-49 河南博物馆天然采光
图 4-50 河南博物馆展示空间

　　以上常见的博物馆空间布局类型，采取何种空间布局类型需要依据展品种类及博物馆空间形态特点来进行套用。事实上，由于博物馆展示项目的多样性和复杂性，除少数博物馆的展品由于种类单一而采用一种类型空间布局类型外，绝大多数博物馆都是以某一种空间布局类型为主，综合采用两种、三种或更多种类型的布局手法进行展示空间划分。

第三节
博物馆展示空间的限定

在进行博物馆展示空间设计时，为了便于陈列展品及公众观展，往往将整个场地划分为不同展示区域，方便布展。这就需要利用限定空间的手法将不同展示区域从大空间中划分出来，进行展示空间划分的常见手法有如下几种：

一　垂直限定

（一）实体墙面及隔断限定

利用实体墙面及隔断是最常规的限定空间方法，就是通过设置垂直墙面及隔断把一定面积的空间围合起来。用这一方式划分出的展示空间封闭性较强，适合于永久性的展示空间分割（图 4-51）。

（二）展示道具限定

利用展示道具将展示空间内部进一步划分成不同展示区域及观展通道。这种空间限定方式比较灵活，可以依据需要随时变化，同时由于展示道具本身可以作为陈列展品的功能，有利于节省有效的展示面积（图 4-52）。

图 4-51　实体限定
图 4-52　展示道具限定

4-51

4-52

（三）悬挂构件限定

利用悬挂垂直的构件来限定空间，使垂直构件既起到了划分空间的作用，又可以利用垂直面做图片与文字的载体，加载展示信息，从而加深公众对展示空间的印象。在采用悬挂垂直的构件来限定空间时，应注意悬挂的构建不要遮挡公众的视线，以免影响公众观展（图 4-53）。

二　水平限定

（一）地面抬高与下沉

通过抬高和降低地面，将一定面积的空间从展示空间中划分出来，用这种方式分出的空间既可以用来做展示，也可以当作洽谈、互动及公众休息空间。采用抬高地面的方法应注意展示空间内部的观展路线通畅；采用下沉时应注意做好下沉空间周边的防护，以提高周围空间的安全性（图 4-54）。

（二）顶面的升高与降低

顶面的升高与降低也同样能起到限定空间的作用，通过顶面上升限定的空间一般往往是展示的视觉中心；降低顶面限定的空间往往作为辅助空间来使用（图 4-55）。

三　虚空间限定

（一）光线限定

利用光线限定空间是常见的限定空间方法，光线限定的空间比较弱，这种方法经常用在视觉中心位置，用来吸引公众视线及强化展品，通常采用增强局部照度来限定空间（图 4-56）。

（二）材质变化

利用材质变化让观展公众感受到空间的界限，常用在不同使用功能空间的划分，这种方式既起到了划分空间的作用，同时也不影响视线及交通（图 4-57）。

4-53

4-55

4-56

4-57

4-54

图 4-53　悬挂构件限定
图 4-54　地面抬高
图 4-55　顶棚升高
图 4-56　光线限定
图 4-57　材质变化

第四节
博物馆展示空间的构建

空间的划分与限定需要具体的材料及技术来实现，合理的选择展示材料及构造技术，是展示空间划分能否实施的关键。在进行博物馆展示空间构建时对所使用的材料及构造技术的选择，除了与展示意图、展品有关外，还与展示项目持续时间的长短、所处场地环境、资金的投入、施工工期限定等因素有关，设计人员应根据具体情况，合理地选择材料与构造技术。

一　展示材料的选取

（一）展示材料选取依据

展示项目持续时间、资金投入情况对于展示材料选取起着决定作用，对于持久性的展示空间，应选取耐久的材料，如石材、清水混凝土、钢结构等；对于博物馆的临时展厅，在构建时则选用拆装加工方便的板材及金属定型构件，如防火板、PVC 板材、金属网架等（图 4-58）。

（二）展示材料安全性能

展示材料尽量选取具有环保、防火性能的材料，材料的环保及防火性能对于后期展示空间的使用具有重要的作用，如在展示空间构建时使用木材，则需在木材表面喷刷防火涂料。

（三）注重展示材料的搭配

展示材料的选取既要从使用的角度出发，同时也照顾到视觉上的美观，要充分考虑到展品的特性，使得选取的展示材料有助于突出展品的特征，体现展示意图，同时还能给观展的公众带来愉悦。

（四）就地取材原则

选择当地出产的材料既能节约构建成本，又能体现地域文化，因此使用本地的材料也是选择展示材料的重要原则（图 4-59）。

图 4-58　轻质材料

图 4-59　体现地域文化

图 4-60　铰接构造

图 4-61　夹接构造

图 4-62　构造节点

二　展示材料构造选择

构造即指材料之间的连接方式。常见连接方式有焊接、插接、榫接、浇筑、铰接、捆绑、粘接等，采用什么样的连接方式，主要取决于展示材料的属性及展示活动持续的时间及展示场地对布展时间的限定。

（一）构造方式选择依据

对于长期或永久的展示空间构建，在选择展示材料构造时往往采用永久性的构造连接方式，诸如焊接、浇筑、粘结等；对于时间短、布展要求快的的情况，如展览会、博览会，则常用便于拆卸的插接、铰接、捆绑等能反复使用的构造方式（图4-60、图4-61）。

（二）构造方式美观性

展示材料的构造节点既要合理还需美观。对于可拆卸的构造节点，要求构造节点既拆卸方便，外形又要与展示材料、展示环境、展品协调，特别是对于艺术类的文化展示，构造节点的美观尤为重要（图4-62）。

第五章
博物馆展示照明设计

照明环境对于博物馆的重要性如同音质对音乐厅设计成败所起的作用相同。博物馆内照明环境设计的合适与否，会直接影响博物馆内部空间的观展效果，因此做好展示空间中的照明环境是博物馆展示设计成败的关键。

博物馆是一个以研究、教育、欣赏为目的，面向大众开放的、非营利的永久性机构。博物馆的数量和种类很多，划分博物馆类型通常是以博物馆的藏品和基本陈列内容作为划分的主要依据，其次是它的经费来源和服务对象，一般情况下分为四大类：艺术博物馆、历史博物馆、科学博物馆和综合博物馆。艺术博物馆包括绘画、雕刻、装饰艺术、实用艺术和工业艺术博物馆，也有把民俗和原始艺术的博物馆包括进去的，有些艺术馆，还展示现代艺术，如电影、戏剧和音乐等，世界著名的艺术博物馆有：卢浮宫博物馆、大都会艺术博物馆、俄罗斯国立艾尔米塔什博物馆等；历史博物馆包括国家历史、文化历史的博物馆，在考古遗址、历史名胜或古战场上修建起来的博物馆也属于这一类，德国历史博物馆、墨西哥国立人类学博物馆、秘鲁国立人类考古学博物馆是著名的历史类博物馆；科学博物馆包括自然历史博物馆，内容涉及天体、植物、动物、矿物、自然科学，实用科学和技术科学的博物馆也属于这一类，如英国自然历史博物馆、美国自然历史博物馆、巴黎发现宫等都属此类；综合及专门博物馆包括露天博物馆、儿童博物馆、乡土博物馆，后者的内容涉及这个地区的自然、历史和艺术，著名的有布鲁克林儿童博物馆、斯坎森露天博物馆等（图 5-1）。

图 5-1　德国历史博物馆

第一节
博物馆照明设计原则

　　不同类型的博物馆，尽管收藏和陈列的展品不同，但在对展示空间进行照明设计时，都需要符合博物馆照明设计原则与要求。博物馆内部空间的照明设计既要能够保证为公众提供良好的视觉环境，同时更要从保护展品的角度出发对光源、灯具、照明控制等进行选择，对展示空间内光的照度、显色指数、色温与照度匹配、均匀性、立体感、对比度、眩光等因素加以考虑，在最大程度上减少因光学辐射对展品的损害，从而达到既有利于观赏展品，又能够保护展品的目的。当然，除了能提供良好的视觉环境与保护展品外，在进行展示照明设计时，还要满足安全可靠、经济适用、技术先进、节约能源、维修方便等要求。

一　提供良好视觉环境

在进行博物馆照明设计时，不能只从技术层面去考虑、遵从一些照明质量与参数的规定，单一的照明技术处理都不能实现展示空间所需照明效果，而应结合展示艺术手法及公众生理、心理感受去综合设计。提供良好的视觉环境是博物馆进行照明设计的内容之一，营造出与展示主题相符的照明环境，光线的明暗、照射面积、展现的色彩符合公众的生理、心理要求，让公众在观展过程获得愉悦，是公众来此观展，并能长时间逗留的保证。

二　保护展品

既要为公众提供良好的视觉环境，同时又要考虑到如何降低光学辐射（紫外辐射、红外辐射、可见光辐射）对展品的损害，这是博物馆照明设计与其他室内照明环境设计的区别。对光敏感的展品，无论是暴露在紫外线、红外线，还是在可见光下，都会给展品带来损害。博物馆展品的损害主要来自于光线中的紫外辐射与红外辐射，其中紫外辐射是引起展品变褪色的主要原因，紫外线（UV）存在于大多数白炽灯或荧光灯中，同样也存在于未进行滤光处理的日光中；红外辐射通过使展品表面的温度上升，而让展品出现干化、变形、裂纹等损害，另外光线对展品的损害还与展品在光线照射下的时间长短有关，展品曝光在光线下的时间越长则损害越大。

因此在进行博物馆的展示照明设计时，应减少展示空间中天然光及人工光源中的紫外辐射，利用可吸收紫外线的材料来降低光线中的紫外线强度，使光源的紫外线相对含量小于 $75\mu W/1m$，通过选择红外辐射少的光源或安装能吸收红外辐射的滤光器，来降低红外辐射；其次对光特别敏感的展品，除了限制展示空间内的照度不大于标准值之外，还应减少其曝光时间或曝光量标准（照度在时间上的累计），避免因光照时间过长，展品表面温度上升而导致的损坏；另外对于保存在特制的展柜或特设展室内，对光特别敏感的国家特级保护文物，必须在有特殊需要时才允许在规定照度下使其曝光。照明设计中要考虑不同展品的性质，不同材料的展品对光的敏感程度不同，设计时应根据展品的不同来选择光源和照度标准。对光不敏感的展品，照度值的设定可较高；对光敏感的展品，照度就要受到限制，一般不超过 200lx（勒克斯）；而对光特别敏感的展品，应保持低照度照明，一般应在 50lx 以下，在关闭展览时应使作品处在黑暗条件下。保护展品的关键是在博物馆照明设计中选择合适的光源，尽量滤除紫外辐射和红外辐射。

三 节约能源

在进行博物馆照明设计时不仅要从保护展品及公众观展角度出发，还要将节能的概念贯彻到照明设计的始终，节能的观念体现在照明能源的有效利用上。在对博物馆进行照明设计时，首先在设计之初就需要充分利用天然光，尽可能将天然采光与人工照明结合在一起，这样不仅节约照明能源，对于观展的公众来讲，还可以提高展示空间的舒适性；其次一定要通过技术方法控制光照范围，确保光源有效地照射到展品上；再次在选择光源、灯具、镇流器等照明组件时，尽可能选择能效较高的产品，尽管一次性投资较大，但会为后期的运营及维护节省更大的成本；还有，在照明设计过程要配置合理的控制设备，以便在运营过程中，根据具体情况灵活地调暗或关闭部分光源。

节能的概念无所不在，譬如最大限度地利用竖直表面的反射同样也是高能效的照明设计方法。只要设计师在进行展示空间照明设计时，不仅要为展品展出、公众观展提供合适的光环境，还有要将节能的概念贯彻到照明的设计理念中，那么就会设计出适用、经济、美观的照明环境。

四 满足展品的灵活布局

博物馆的照明设计应具有一定灵活性以适应展品的更换。除少部分的博物馆的展品为常年不变之外（如博物馆的基本陈列），一些博物馆的临时展厅内的展品则需要经常更换。不同的展品对照明设计的需求不同，有些展品对光照要求严格，有些则要求不高，博物馆不会因展品的更换而不断改变展示空间中的照明方式，故此要求博物馆的照明系统有一定灵活性以适应不同展品对光照的需求，这就要求设计师在进行最初的照明设计时，充分考虑好不同展品的性质和今后可能出现的变动，在照明方式、光源选择、灯具确定等方面进行综合考虑，通常均匀的环境照明布局有利于应对不同展品的展示（图 5-2）。

图 5-2 环境照明布局均匀

第二节
博物馆照明环境质量要求

　　由于在进行博物馆展示照明设计时既要考虑为公众提供良好的照明环境，同时也要从保护展品的角度出发对光源与灯具进行选择，因此在对博物馆的照明环境质量要求时，要从公众与展品两方面去进行考虑。

一　展品对照明环境质量要求

　　博物馆的照明环境质量要求需根据展品的特点而定，根据展品对光的敏感程度来讲，一般将展品大致分为三种：对光特别敏感的展品、对光敏感的展品、对光不敏感的展品，下面分别就这三大类展品对照明环境质量的不同要求做个概述。

　　对光特别敏感的展品包括绘画作品、照片、印刷品、有机材料等，这类展品对光照非常敏感，必须对照射光源的紫外辐射与红外辐射加以限制，并且要尽可能通过减少照射时间来予以保护，同时展出这类展品的空间尽量选择较低的照度。由于光照还会影响展品周围环境的温度与湿度，所以对于可翻页的展品，如书籍，则要经常更换光照页面以进行整体保护；出土文物也属对光特别敏感的展品，由于长期埋在地下，强烈的光照射会使之很快变质，因此可采用低电压的电灯光源或光导纤维照明，再辅以普通照明；地毯、服饰品等也对光非常敏感，因为材料本身和染料都易受光损伤，为防止因光的热效应而损坏变质，展品环境的温度和湿度都要加以控制。总之在对光特别敏感的展品进行展出时，一定要降低周围环境的照明，以确保视觉重点落在展品上。

　　对光敏感的展品包括家具、乐器、钟表、油画等，都属中等敏感类展品，展出这类展品的空间一般也选择较低的照度。对于家具和乐器等木制展品如果在强度较高的光照下，表面颜色会变化很快，另外光照引起的环境温度和湿度变化会致使展品弯曲、开裂，所以展示空间的环境照明不宜过亮；对于钟表这类含有润滑油的展品，要避免强烈的红外线照射产生蒸发，因此尽量采用相对较冷的光源来进行照明，如低电压冷光束灯。在对光敏感的展品进行照明设计时，应考虑在不影响公众观展的前提下尽量控制光照强度，如环境照明由自然光充当时，应采取紫外辐射控制措施，

图 5-3 低照度环境照明

并确保闭馆时通过遮挡采光口等方法，使展品少受光源照射（图 5-3）。

对光照不敏感的展品，如：石材、金属、陶瓷、玻璃等，由于光照对它们的损害不大，所以主要从展示效果及公众观展要求角度考虑，做到环境照明均匀，重点照明能强化展品特点即可，展出这类展品的空间可以选择相对高一些的照度。如对于陶瓷展品而言，为了显示其外形、结构、透明度，最好将它们放置在一个低照度的背景中，再采用柔和的光线对其进行重点照明；对于玻璃制品，应将展品背景做暗，用重点照明来强调其展品特征；对于雕刻的玻璃制品及珠宝等，要用重点照明强调出展品晶莹剔透的效果，但要注意重点照明的光束不要太强，以免产生眩光，光纤适用于照明珠宝类展品，它能产生很好的照明效果；对于金属制品，可用小角度入射光照明以增强效果。在对光照不敏感的展品进行照明设计时，一定要明确的是即使从保护展品的角度对光照没有限制，但从光的热效应和人眼的承受能力上仍要对光照进行限制。

（一）展品的照度要求

博物馆对于展示空间中照度要求较高，在照明环境设计过程中，应依据展品的特点确定好合适的照度，这样既有利于公众观展，同时也能很好地保护展品。从保护展品角度上确定展示空间的照度值，需要从光源的紫外辐射与红外照射、照度值与照射时间三个方面考虑。

1. 紫外辐射与红外照射

虽然光源对展品的作用是不可避免的，但要尽可能选择紫外辐射弱的光源来减少展品的损害，各种光源的紫外线含量取决于它们的光谱能量分布，建议用于博物馆照明光源最大紫外线输出为 75uW/lm，在实际设计过程常采用滤光片来去除光线中的高能辐射。滤去紫外辐射对展示陈列品没有影响，因紫外线对人眼来说是不可见光，不影响色觉，现在已有了减少 320nm 到 400nm 这区域辐射的镀膜玻璃滤色片，并已有带镀膜滤色片的灯。钨丝灯的紫外含量对博物馆来说是可接受的，因而不需要滤色片；对卤钨灯来说则要用耐热玻璃滤色片滤去穿过石英的比 320nm 短的紫外线；大部分荧光灯辐射紫外光，因此必须用滤色片，把一聚合灯外壳物薄片放在灯前面，或用一张紫外吸收膜扎在灯管周围，以杜绝紫外辐射的目的；天然光中含有大量的紫外线，所以应在窗户或天窗上安置滤色片。常规玻璃、透明或半透明塑料只吸收天然光中部分紫外辐射，因此必须使用附加的紫外滤色片，某些化学物质能吸收几乎全部紫外辐射，而且不会使光的传播与光色受很大影响，这些紫外吸收剂可以与聚合物薄膜、油漆结合在一起，这样可以提供有效的防护作用，并可提供不同程度的紫外吸收；当然也可以使用双重玻璃，在玻璃之间有一紫外吸收层；多碳化合物或压力塑胶薄片可放在窗户或天棚的内侧起到吸收紫外线的作用；在玻璃上涂一层足够厚的漆面或黏合剂也可起到吸收紫外线的作用，这些材料如用在室内使用，一般可保质十年，但在户外就会腐蚀得很快。同样为防止光源中红外线引起的热效损害，也需通过光源的选取与选用低透射比的玻璃来保护展品（图 5-4）。

2. 照度值

展品的受损程度与照度成正比，照度越小，展品损害越小，但由于在考虑展品受损的同时还要照顾到前来观展的公众对室内照度的需要，所以必须设定一个合适的照度值来平衡两者之间的需求。由于无法用科学公式来平衡最佳视觉照度与保护所需照度，只能根据实验来测定。由于不同展品对展厅内的照度要求不同，在进行照度设计时，最大照度的选取必须根据展品能承受损坏的大小来决定。对光特别敏感的展品如丝织品、服装、水彩画、挂帷、印刷品、手稿、小画像、乳胶漆作的画、墙纸、树胶水彩画、染色的毛皮和大部分天然历史展品，包括：植物标本、毛皮与羽毛等展品，要求展厅

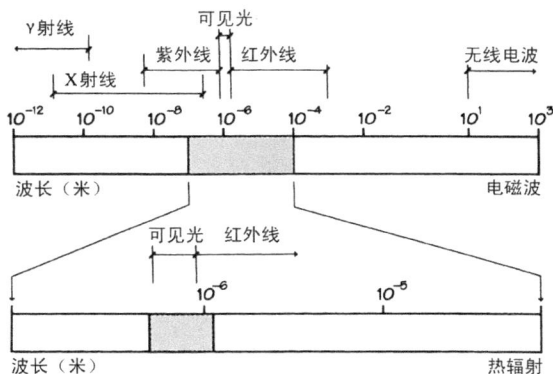

内的最高照度不能超过 50lx，最大累积照度不应大于 150000lx。

对光敏感的展品如油画、壁画、书法、毛皮牛角、骨头、象牙、木材与喷漆等展品，要求展厅内的最高照度在 200lx 以下，最小照度 100lx 左右，最大累积照度不应大于 6000000lx。对光不敏感的展品如金属、石头、玻璃、陶瓷和瓷釉等展品，要求展厅内的最高照度在 300lx 左右，最小照度 150lx 左右，最大累积照度不受限制。

3. 照射时间

对展品的照射时间应该有所控制，且必须保证闭馆后关闭照明设施，对光敏感的展品，应在展示空间内设计相应传感器，自动控制开关照明电源，以减少光线对展品的照射时间；或是选择感应调光设施，在公众离开时将光调至 30% 照度值，公众观展时再由 30% 渐变到 100% 照度值。

（二）良好的光色

采用什么颜色的光源，要考虑展品与环境的需要，光源的颜色选择应当能够对展品进行最佳的光照补偿。在照明设计中，通常通过色温与显色指数来描述光源的颜色特性。

1. 色温

色温是表示光源光色的尺度，单位为 K（开尔文），光源的色温是通过对比它的色彩和理论的热黑体辐射体来确定的，热黑体辐射体与光源的色彩相匹配时的开尔文温度就是那个光源的色温。光源的相对色温是指光源所发出的光色与某一温度下的绝对黑体所发出的光色相近，就把绝对黑体的绝对温度定为该光源的相关色温。当色温大于 5300K 时，会产生冷的感觉；当光源的相对色温小于 3300K 时，会产生暖的感觉（图 5-5）。

博物馆内对色温的要求主要取决于展品的类型，对光不敏感的，如：金属、石材、玻璃、陶瓷、珠宝、搪瓷、珐琅等展品，色温要求一般是大于 300K，而小于 6500K；对光较敏感的展品如竹制品、木器、藤器、漆器、骨器、油画、壁画、角制品、天然皮革、动物标本等，色温要求是一般是大于 180K，而小于 4000K；对光特别敏

图 5-5　不同色温的效果

感的展品如纸质书画、纺织品、印刷品、树胶彩画、染色皮革、植物标本等，色温要求一般是大于 50K，而小于 2900K。一般情况下，博物馆内作为照明光源的色温不要超过 3300K，当然这里给定的色温规定数值是源自中国的博物馆建筑设计规范，对于具体光源的色温还是应该视展示照明的具体需要而定。

2. 显色指数

显色指数是用来衡量光源下观看物体颜色正确程度的指标，光源显色指数越高，说明物体在该光源照射下观看的色彩越接近于物体本色，不同光源照射到物体上，显示出其与日光照射下的色彩效果不同，所以必须用光源的显色指数来进行评价，实际上光源显色性并不影响色彩还原性质，两种光源可能看上去显色性相似，但色谱分布并不相同则显色性也完全不同（图 5-6）。

图 5-6
不同光源显色性差异

光源的显色指数用 Ra 表示，一般 Ra 值越大，灯的颜色还原性越好，显色指数的上限为 100，通常认为 Ra 值大于 90 的光源，色彩还原质量是很好的，而 Ra 值小于 80 的光源就不适用于博物馆照明。光源的显色质量由其光谱分布决定，尽管钨丝灯显色指数为 100，但它的光谱分布倾向于红色偏多了一些，与自然光照射下相比，物体的红色与橘红色占的比例显得过强，但一般物体在白炽灯照射下的色彩平衡和谐调仍可被接受。另一方面，由于某些气体放电灯的光谱能量分布不稳定，因此在它们的照射下，往往会造成展品表面的颜色失真。

利用显色性的差异，也可以加强展品的展出效果，但这一方法需要慎用，常应用于对色彩要求不高的展品展示，以避免展品在光照下发生大的色彩偏差。如同用不同的照度来达到所需的特定对比度一样，显色性也可进行类似的处理，当展品和背景采用不同色彩的光束照明时，对比效果会更加显著，当然显色性的差异一定要有个范围控制。展示设计师应该知道，光源色调越暖则人眼分辨色温的能力越弱，不同光源照射到展品上，显示出其与日光照射下不同的色彩效果，正如背景的亮度会影响眼睛的适应状态，色彩也有相同的影响能力。色彩强烈的背景会使眼睛对这种色彩饱和，从而在展品上强调了它的互补色，例如一种很强的紫色背景照明会使公众将白色展品看似呈现浅黄色。

在展出绘画、彩色织物、多色展品等对辨色要求高的展品时，应采用一般显色指数不低于 80 的光源作照明光源；对辨色要求不高的场所，可采用一般显色指数不低于 60 的光源作照明光源。从显色指数上看，荧光灯和白炽灯是目前博物馆最普遍采用的人工照明光源，这是因为白炽灯能使展品生动鲜明，而且它的紫外线含量极少，相对而言而荧光灯的亮度低，发光效率高，而且紫外线含量也远比天然光低得多，这两种灯的品种、规格都很多，便于设计人员选择；高强度气体放电灯只在特殊情况如在展厅空间较高、展品对颜色要求不高时才可采用。此时要注意减少其紫外辐射和控制眩光；在采用卤钨灯进行照射时，应采取有效的散热及安全防火措施。上面的论述说明，在选择博物馆的照明光源时，除了要考虑烘托展示空间气氛外，良好的显色性是确定光源的重要依据。

3. 照度值与色温的匹配

国际博物馆协会要求照度值应与色温相匹配，照度较高时选用高色温光源，照度较低时宜选用低色温光源，中国尚没有对此做出标准，可行业内却往往采用高色温高照度，低色温低照度的设计方法，当然目前有学者认为光源的照度与色温之间没有明确关联性，但经验表明：在相同照度下，采用显色性好的光源，公众会觉得亮度高，采用显色性差的光源，则感觉亮度低，因此如从公众感觉出发，在使用显色性较差的光源时，则应相应地采取提高照度的方式（图 5-7 ）。

二　公众对照明环境质量要求

（一）对照度的要求

公众很难用正常视觉来判定空间内的照度值，但可通过光照射在展品或环境材料上呈现的亮度来衡量照度是否合适，人眼由于适应状态的不同，即使展品有相同的亮度，实际感到的主观亮度也会有所不同，眼睛的适应亮度越低，展品的感觉就越亮。因此在进行展示照明设计时必须照顾到人眼的这一特点，以满足观展要求。如通过设置视觉适应的过渡区把观众的适应亮度压低，才能使 50lx 的展示空间看起来仍然明亮，这就是利用人眼适应状态特征的例子。

在进行博物馆室内照明设计时，要照顾到公众的视觉适应能力及心理感受，公

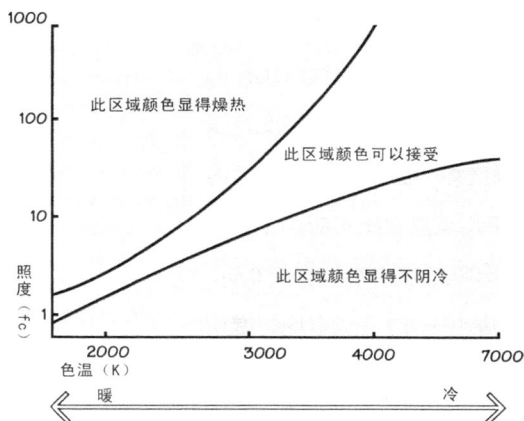

图 5-7　照度与色温的对应关系（引自《建筑照明》77 页）

图 5-8　河南博物馆门厅

众在观展过程中会通过发挥自身的视觉适应能力来适应博物馆不同空间的亮度，由于博物馆各空间内照度会不同程度地偏离其照度平均值，这就要求公众不断调整视觉以适应不同亮度的变化，照度过大的地方便会出现眩光，使公众难以看清展品。因此在进行博物馆展示照明设计时，除了要根据展品所需进行空间内照度的确定，还需从观展角度出发，对博物馆不同空间的照度进行设定，以满足视觉暗适应的要求，从而减少公众视觉的疲劳（图 5-8）。

　　公众到博物馆观展，必然会从明亮的室外（其水平照度可能高达 100000lx）进入到相对较暗的展示空间（其照度只有 50 ~ 300lx），这时需要设置视觉适应过渡空间，一般由门厅或序厅来承担博物馆的视觉过渡空间，这类空间的照度值一般不小于 500lx，并最好能随着需要的变动而随时加以调节。如在进入展厅之前通过利用人工照明控制门厅、过厅的照度，以便让公众有一个适应过程，这样在进入展厅后才能很好地观看展品，如果由室外带室内没有一个过渡区域，就不能满足公众视觉暗适应的要求，因此就无法给公众提供一个好的照明环境。

　　博物馆的展示空间往往是由多个展厅构成，各展厅之间可能因为展品的不同而设置的照度不同，公众在不同照度的展厅之间走动时，所见的亮度就有一个变化的范围和变化的方向问题，如从低亮度到高亮度或从高亮度到低亮度，这时人眼需要通过自身调整来适应亮度的变化。由于人眼所能适应的亮度变化范围有一个界限，而且从低亮度到高亮度比从高亮度到低亮度所需要的适应时间短，因此在布展时，除了要考虑展陈文本安排的顺序外，也依据人眼适应亮度的规律，在展线上将较低亮度的展室与中等亮度的展室相邻接。

（二）对照度均匀度的要求

为了突出展品，常采用局部照明的手法以加强展品同周围环境的照度对比；但从公众在观展过程中的视觉适应状况考虑，应控制好展示空间内的照度均匀度，以防止展品与周边环境的照度对比过强，影响公众观展。照度均匀度是指展示空间内部最小照度与平均照度之比，对于平面展品，最低照度与平均照度之比不应小于 0.8，但对于高度大于 1.4 米的平面展品，则要求最低照度与平均照度之比不应小于 0.4；只有一般照明的陈列室，地面最低照度与平均照度之比不应小于 0.7，照度均匀度用 Um 表示，Um=Emin/E 中 Emin 为最小照度，E 为平均照度。

博物馆展示空间内的照度由展品所决定，而博物馆内辅助空间照度值一般有如下规定：藏品库区如藏品库房为 75lx，周转库房为 50lx，藏品提看库为 150lx；观众服务区如售票处为 300lx，存物处为 150lx，纪念品出售处为 300lx，食品区为 150lx；公用房如办公室为 300lx，休息处为 100lx，行政库房为 100lx，厕所、盥洗室为 100lx。当然这些照度值仅作参考，在进行设计时应根据具体情况进行调整。

（三）消除眩光

眩光是由于视野中的亮度分布和亮度范围不适宜，或存在极端的对比，以致引起人眼的不舒适感，或造成观察物件细微部分能力降低的光学现象，眩光会给公众一种不舒适感或降低观看主要目标的能力，根据对视觉影响的不同，分为不舒适眩光和失能眩光，前者只有不舒适感觉但不影响可见度，而后者则影响可见度。眩光既会影响公众的观展效果，又会加速眼部疲劳，因此在展示空间中需要有效地限制眩光，在进行展示空间设计时，根据眩光产生的原因一般分为直接眩光、反射眩光和光幕反射。

直接眩光是由视野中，特别是靠近视线方向存在的发光体所产生的高亮度光，直接眩光的产生与光源、公众的相对位置有关，在展示照明设计时需处理好光源与公众的相对位置，以避免直接眩光的出现（图 5-9）。反射眩光是由光源通过介质反射造成的公众视野内出现高亮度光源，反射眩光的产生与光源、公众及反射介质的相对位置有关，在进行展示照明时，要根据公众的观展位置对灯具的位置进行调整，以减少反射眩光的出现（图 5-10）。光幕反射是由展品上的镜面反射产生的，特别在观看表面光滑的展品或玻璃遮罩的展品时容易出现光幕反射现象。光幕反射会使展品表面的亮度对比度下降，以致部分地或全部难以看清对象细部，好似给视觉对象罩上了一层"光幕"（图 5-11）。

为了提高公众在博物馆展示空间中的观展质量，既要限制直接眩光，也要限制展品上的反射眩光和光幕反射。博物馆中的眩光主要来自三个方面：首先，来自光

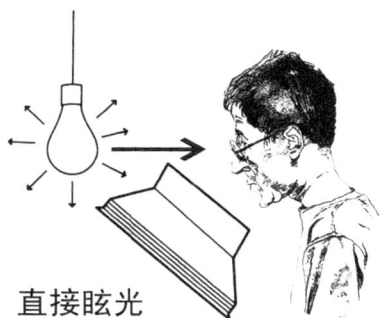

直接眩光

反射眩光

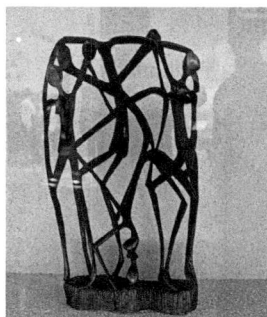

5-9

5-10

5-11

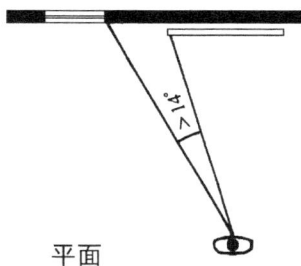

平面

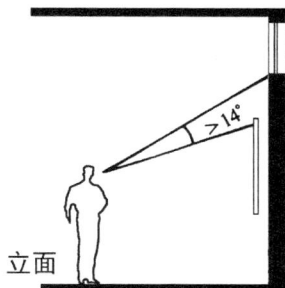

立面

5-12

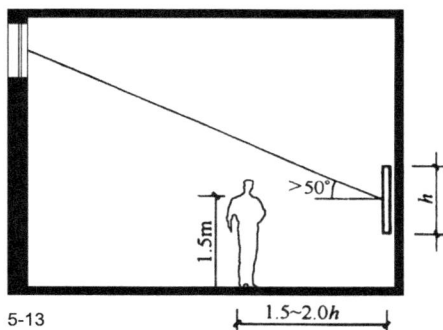

5-13

图 5-9　直接眩光
图 5-10　反射眩光
图 5-11　光幕反射
图 5-12　避免直接眩光的窗口位
图 5-13　避免一次反射眩光的窗口

源或窗户的直接眩光，或来自各种表面的反射眩光；其次，公众或其他物品在光泽面如展柜玻璃上产生的映像；另外，对表面有光泽的展品如大幅油画，在公众观看方向出现光幕反射。

　　控制眩光的方法就是尽量使高亮度的光源不进入公众的视线范围，因此控制眩光的方法就是通过调整光源所处位置及观众的站点，使观众距光源视角大于 14°，以降低展示空间内出现眩光的概率（图 5-12、图 5-13）。限制眩光是博物馆照明设计的重要内容，对于由户外的自然光或人工光源直接产生的直接眩光，可以通过在窗户上设置遮光板及选择合适的灯具进行控制，以减少直接眩光出现的机会，如可通过将光源用格栅遮蔽起来，使公众在通常观察的角度看不见光源来解决，这一遮挡物可以是灯具的一部分，或者是为遮光而专门设计和安装的。对于由人工照明所产生的反射眩光，则需要通过调整光源的照射方向及光源与展品的相对位置以减少反射眩光对观展公众视觉的刺激，以达到良好的展示效果。通常在博物馆内，重要的展品都会用玻璃等高反射材料制作的展柜维护起来，这样由公众或其他物品在光泽面上的映像就不可避免，但要保证公众能从多角度对展品进行观赏，并采用展柜内部照明来予以降低映像出现的概率，设置展柜内部照明时，不能让公众直接看见展柜中的光源。例如当观察一个放在展柜里的展品时，展品照明的反射光源及其反射光往往会干扰视觉，这种眩光可通过细心调节玻璃的角度或采用柜内部照明来予以降低，眩光的具体限制方法如下：

1. 控制灯具及展品表面的亮度

控制眩光要从灯具本身开始，要保证灯具不会有过高的亮度，同时也要根据展品表面材料的反射率，来控制展品表面的亮度。因此在进行博物馆展示照明设计时，无论从保护视力的角度还是从节约电能角度出发，都必须将灯具和被视物体表面的亮度限制在适当的范围内。

2. 合理选择照明方式

控制眩光应该以隐蔽光源和降低灯具亮度为基本原则，根据这一原则在进行环境照明处理时，主要在顶棚上采用格栅式、暗装灯槽、满天星式下射灯等方式以减少光源在公众视野中的出现。

3. 控制灯具位置和高度以保证必要的保护角

灯具的安装应尽可能远离正常视线，设计时一定要限制它在45°至85°区域内发出的光通量，因为这个区域的光线恰好处于视野内干扰观展。限制的方法除了减少灯具的表面亮度外，常用的还有使灯具有一定的保护角，并配合适当的安装位置和悬挂高度。

4. 提高眩光源的背景亮度

提高眩光源的背景亮度也是控制眩光的方法，出现眩光的原因与周围环境亮度有关，视野内存在不同亮度时会要眼睛不断去适应这一变化，如果这种亮度差别很大，就会使眼睛疲劳，因此提高可能产生眩光光源周围环境的亮度，减少光源与背景的亮度对比度，以调节视野内的亮度保持均匀，也能有效控制眩光。

对同类博物馆展示设计项目进行调研，对进行自身展示照明设计是相当有好处的，由于展品具有一定的相似性，这样就可以在参观这些设计项目时了解什么样的照明形式有利于展品展示，而哪些方法需要避免使用，从而为自身项目的设计直观地提供设计依据，以减少设计过程的反复，这将有利于展示照明设计方案的顺利实施。

第三节
博物馆展示照明设计程序

博物馆展示照明设计不只是简单地将灯具放置在展示空间内，为环境提供足够的照度，将展品和室内设施照亮就可以了；而是要依据展示意图、展品特性、公众需求、空间环境等因素，通过选择光源、配置灯具、调整明暗、协调光色等设计手法，为来此观展的公众营造合理、舒适、安全、节能以及富有创造性的展示空间照明环境。博物馆展示照明设计过程不是简单的直线渐进，而是不断调整、反复评估的过程，只有在设计过程中不断审视设计手法与技术手段是否符合展示设计构思，是否与展品的展示氛围相符，是否满足观展公众的要求，是否达到了博物馆方办展的目的等，才能营造出合理、舒适、安全、节能及富有创造性的展示照明环境。

展示照明设计不是独立于博物馆展示空间设计之外的独立设计项目，照明设计过程要融入展示空间整体环境设计中，并服从展示空间整体风格与设计构思，在此基础上再利用照明所能提供的技术手段，进一步烘托展示空间气氛，突出展示空间的设计构思。

博物馆展示照明需要依据展陈文本、展品信息、环境状况、公众层次等前期调研资料来开展博物馆照明的设计工作。根据展品信息及环境状况确定合适的亮度图式和环境照明方式；围绕展示空间内的展线和展示空间节点进行重点照明及安全照明布置；从整体照明环境氛围营造上设置装饰性照明；在施工过程中调整展示空间照明环境质量。博物馆展示照明设计是一个构思连续的过程，但为了讲述的清楚，暂将这一连续过程分为四个设计阶段：前期准备阶段，这一阶段的目标是理清展示项目对照明设计的诸多限定因素；设计构思阶段，这一阶段的目标是勾画出照明的设计构想；设计深入阶段，这一阶段的目标是绘制出完整的照明系统布局图；施工调整阶段，这一阶段的目标是确保设计方案实施后达到预期效果。

一　前期准备阶段

前期准备阶段的工作内容分为资料收集和信息整理，一个好的展示照明设计方案既要达到展示举办方的目的，更要满足观展公众的要求，因此需要多方调研，做好前期相关资料收集和信息整理工作，这一阶段工作是后期照明设计成功的关键。

（一）与博物馆方进行沟通

资料的收集工作首先从博物馆方开始，要去了解博物馆方的展示意图、设计倾向、项目预算、工期长短等情况，如博物馆方能够提供详细的展陈文本，就需要对展陈文本进行分析，从而清楚博物馆方的展示意图，如无展陈文本，则需要整理博物馆方提供的信息，并通过与之交流以明确办展意图。这一部分工作非常关键，它直接影响到照明设计方案是否会被博物馆方认可，从而顺利实施。设计师在进行设计构思时既不要完全听命于博物馆方的想法，也不要盲目认可自己的设计，要利用自己的专业知识、经验与举办方沟通，博物馆方的建议要高度重视，因为毕竟他们是设计项目的使用者之一。

（二）分析展品特性

博物馆展品特性是展示照明设计的重要依据，由于不同展品对展示空间内的照明环境要求不同，所以在进行展示照明设计时，一定要研究不同展品的特性来进行亮度图式的确定、光源灯具的选择、环境照明与重点照明的对比，即便是同一组展品，也要考虑这组展品之间的差异，从而最大限度地让重点照明满足大多数展品的对照明环境的需求。

（三）听取观展公众的意见

没有公众参与的展示空间设计无法向前推进，设计师必须清楚了解博物馆主要观展公众的需求，要分析他们来此观展的目的、想看到什么、在博物馆内怎样活动等信息，让公众参与到前期的照明设计中，有利于避免运营后潜在问题的发生。

（四）了解布展环境

了解现有布展环境是确保照明方案能够顺利实施的前提，在进行照明设计之前，应去布展现场对博物馆内部空间结构、建筑层高、使用面积、开窗位置、管道敷设等情况进行实地勘察，分析环境带给照明设计的限制条件，在尊重现有空间环境的前提下提出切实可行的方案。

（五）明确项目的预算与工期

在设计之前明确项目资金的投入情况，有利于在深入方案过程中为亮度图式确定、环境照明与重点照明的配比、光源及灯具的选择等提供依据，因为不同的亮度图式、不同环境照明与重点照明的配比、不同类型的光源或灯具就意味着照明设备支出的不同，所以明确项目中照明设备的投入是十分必要的。另外施工工期也是在设计过程中需要考虑的因素。

二　设计构思阶段

设计构思阶段是提出照明方案的开始，在前期资料调研及信息整理的基础上，为博物馆展示空间环境构思出一个整体的照明效果，从而在脑海里形成一幅全息的照明效果图：整体环境的亮度水平及光色倾向、空间亮度层次划分、展区与辅助功能区的明暗对比、视觉中心光线的控制范围、水平工作面与垂直展墙的照度均匀度等。设计构思阶段除了研究本项目资料以外，还应大量借鉴相关设计案例，优秀的照明设计项目图片、资料、现场体验有助于照明设计思路的快速形成。

设计师应当使博物馆内部空间中的光线更纯净，不要让过多烦乱、无用的光线存在于展示空间中，要明确每盏灯具的安装意义所在，室内的光线布局只要满足表现展品及公众舒适观展的目的即可。这种设计概念就像与人谈话一样，把握的关键就是能听到对方所说的话，而略去周围无意义的杂音，照明设计也是如此，切不要因为设置过多无意义的光线而扰乱了观展公众的视线，从而毁掉本该纯净的展示照明环境（图 5-14）。

在进行展示照明时应从视觉的角度出发而不要过于注重各种照明数值的设定，成功的展示照明设计方案不是简单的展示空间照度计算，在设计过程中如果过于注重"照度"这一概念，将设计的重点放在室内照度是否符合设计规范标准，整个空间的平均照度是多少，那就会因忽略公众的感受而使照明环境偏离设计的初衷，事实上公众很难直观地体验到照度带给他们的变化，对他们而言，真实的感受是来自展品和环境界面的反射光。因此在进行博物馆展示照明设计构思过程中，既要考虑到为展示空间提供合适的照度及照度均匀度，更要考虑到展品特性及环境材料的光学性质，通过合理的照明布局手法，满足观展公众的视觉、心理要求，同时彰显展示空间环境的特色。为了达到上述要求，通常仍需从环境照明、重点照明、装饰照明及安全照明入手，来进行展示照明的设计构思。

（一）确立展示空间的亮度图式

亮度图式是从照明的角度让公众去感受空间的整体印象，亮度图式一般可以分为：低亮度图式、中亮度图式、高亮度图式。在博物馆展示照明设计时采用什么样的亮度图式要将前期调研信息综合考虑后确定，既要考虑有利于展品的保护，又要照顾到观展公众的视觉需求，还要从节能及后期维护的角度去进行论证，亮度图式的选择是对展示空间照明环境确定基调，在此基础上来探讨环境照明、重点照明采取何种方式来实现。

1. 低亮度图式

低亮度图式是指展示空间内的亮度较低，只使用重点照明为展示空间提供亮度，重点照明仅覆盖展示区域，环境由重点照明区域的余光提供，展示空间内的光线分布不均匀，除了展示区域，大部分的空间都为低照度，展示区域亮度与周边环境区域亮度区别明显（图5-15）。

2. 中亮度图式

中亮度图式是指展示空间内的亮度较高，利用环境照明与重点照明为展示空间提供亮度，环境照明的照度偏低，使得重点照明覆盖展示区域的亮度与周边环境区域亮度区别明显，展示空间内的光线分布不均匀，展示区域的亮度突出。中亮度图式是博物馆展示照明设计的通常选择的图式（图5-16）。

3. 高亮度图式

高亮度图式是指展示空间内的亮度很高，环境照明与重点照明的区别不大，展示空间内的光线分布均匀，重点照明虽覆盖了展示区，但展示区亮度与周边环境区域亮度对比不太明显。在进行展示照明设计时，选定什么样的亮度图式，需要根据展品、展示主题、环境条件等诸多因素确定（图5-17）。

（二）确定环境照明形式

对于博物馆展示空间而言，重点照明形式很容易确定，通常是采用设置投射光源来定向照射展品；而采用什么样的环境照明形式则需根据展品特点及展示空间的具体情况来确定。例如当展示空间面积较小时，通过照亮垂直面，使垂直面作为间接光源来提供展示空间所需环境照明，可以使展示空间显得开阔，这时利用垂直面来达到照亮环境的目的就比较合适；当展示空间面积较

图 5-14 纯净的照明设计（引自阿拉丁网）

图 5-15 低亮度图式范例（引自阿拉丁网）

图 5-16 中亮度图式范例

图 5-17 高亮度图式范例

大时，顶棚面积往往大于竖向垂直墙面，这时利用顶棚作为直接或间接的光源，可以为展示空间提供均匀的环境照明，当然展示空间面积的大小只是影响采用环境照明形式的因素之一，在具体进行展示照明设计时一定要结合具体的情况进行环境照明形式的选择，在利用顶棚提供环境照明时应当注意避免顶棚有眩光产生，从而影响公众在博物馆空间中的观展行为。常见的环境照明形式为利用顶棚进行环境照明与利用垂直面进行环境照明。

1. 利用顶棚进行环境照明

顶棚既可以被设计成直接光源如采用荧光灯与灯光片结合为环境提供柔和的光线，这种照明形式由于所占空间高度较少，所以更适合于空间较低的展示空间；也可以通过被照射成间接光源来为展示空间提供所需的环境照明，当顶棚作为间接光源使用时，顶棚表面材料应采用反光饰面，如白色涂料或具有较好反光性能的板材，通过将照射到顶棚的光线反射至展示空间的不同方向，从而起到照亮整个博物馆空间的效果（图 5-18）。

2. 利用垂直面进行环境照明

设计师很少在墙面上直接安装灯具来为展示空间提供环境照明，因为博物馆空间内的多数墙面都被展品所占据，但有时设计师也会利用灯具照射空白墙面，让墙面变成间接照明为空间提供环境照明。照射墙面可以让空间显得更开阔，特别是当墙面表面是白色的无光泽面时，墙面可以为环境提供均匀的环境光，但进行墙面照射时会突出建筑的结构特征，如果建筑的结构或节点在视觉上存在缺陷，则慎用这种照射墙面的方法。通过光源来照射墙面除了为获得一定数量的反射光外，还能给予空间以一定的方向性，同时也会利用与大幅展品的结合形成一个良好的视觉中心（图 5-19）。

5-18

图 5-18　顶棚环境照明
图 5-19　墙面反射照明

（三）选择目标设置重点照明

在进行博物馆展示照明设计构思过程中，除了要合理设置光源将展示空间环境照亮，满足展品的展示及公众的观展，还应该进一步利用重点照明的设置提高展品的表现力，从而突出观展路线，营造高品质的展示空间。

1. 构建视觉中心

构建视觉中心是重点照明的设置目的，在展示空间内常用展品、装饰品及光线来营造一个或多个视觉中心，视觉中心一般设定在使观展行为达到高潮的展线位置，既能将公众的情绪带动起来，同时也是展示的重点，视觉中心往往能够体现博物馆的灵魂，故视觉中心往往采取重点照明，以进一步突出展示主题，视觉中心的营造主要是由重点照明来完成（图 5-20）。

2. 突出展品特征

博物馆空间内的重点照明是通过提高目标亮度，使其表面亮度明显高于周边的环境亮度，借以突出目标物体的方法。目标物体可以是一个单独展示的展品、陈设品，通过提高展品、陈设品的亮度，增强与周边环境的亮度对比来突出此处展品的形态、性能、细节等，从而有助于对目标物体的表现，当然重点照明的目标可以是一个水平或垂直的展示区域范围。展示空间内的重点照明往往采用投射灯对展品进行照射，进行重点照明时要注意做好：与环境光的配合、灯具的光束角、投射方向、如何构成展品的立体感等事项（图 5-21）。

重点照明能够让公众清晰地识别出展品的轮廓和形态细节，有助于塑造出展品的立体感，进而强化展品的形态特征，进行重点照明设计时一定要合理控制展品的受光面和背光面亮度，避免产生眩光和视觉疲劳，从而造成不利于视觉识别的问题出现。

图 5-20　视觉中心

图 5-21　突出展品特色

图 5-22　门厅装饰照明

图 5-23　安全照明

（四）利用装饰照明调整空间氛围

　　适当设置装饰照明既可以为博物馆空间提供一些亮点，也可进一步强化博物馆空间的设计主题。不论什么形式的装饰照明，往往都采用低照度的光源，对于充当装饰照明的灯具外观要求远远优于对其光线分布的要求，从某种程度上说，最简单的装饰照明就是利用灯具的装饰性达到的。博物馆内主要通过光色和灯具形态来为展品特定的场景渲染气氛，除了展示空间内的场景展示，一般情况下装饰照明往往也用在博物馆的门厅、出入口、走廊、休息区、服务区等处（图 5-22）。

（五）设置安全照明引导公众疏散

　　在博物馆空间内设置安全照明系统，其目的是为了应对特殊情况下的公众疏散。空间内充当安全照明功能的灯具应能清晰勾画出疏散路径，并重点照射有效的疏散路径，要让疏散路径上的照度高于周边环境，以便于公众沿疏散路径到达安全地带。考虑到如发生火灾大量烟雾的出现，在疏散路径靠近地板处另设一套辅助安全照明系统，以帮助观众在发生火灾时在这套照明系统指引下逃离受灾区。不是只有安全照明系统起到帮助观众安全疏散的作用，在进行环境照明、重点照明设计时，在满足观众观展要求的前提下，也要从引导观众安全疏散的角度去进行照明设计。安全照明的设置是十分必要的，当出现火灾及供电故障时，需要启动安全照明系统为空间提供照明环境，安全照明系统的电力供应依赖于电池供电独立单元或是备用发电机，安全照明系统应在出现事故的 10 秒内起效，因此在配置安全照明光源时，应优先采用启动较快的光源。

利用重点照明强化展线，也是引导公众疏散的方法。博物馆展示空间设计的一个重要内容是明确公众观展时行走的路线，简称展线。所有的展品都围绕着展线进行展示，展线不只是一条，它需要依据展示空间的具体情况、展陈文本及展品类型等因素进行布置，但不论展线是一条还是多条，在进行照明设计时都需要将重点照明沿展线布置，这是因为展品就是围绕展线布置的，由于重点照明的存在，沿展线的路径将比周围环境的照度高一些，也利于特殊情况下的公众疏散（图5-23）。

（六）从节能角度对方案进行审查

前面已经提到了，博物馆展示照明设计过程不是简单的直线渐进，而是不断地调整、反复评估的过程，从节能的角度确保设计手法与技术手段运用的合理，能够减少博物馆方运营过程的开销，方便后期照明系统的维护。在此阶段节能审查内容分两部分进行。

1. 是否充分地利用了天然采光

根据博物馆空间现有环境条件，是否在展示空间、门厅、过厅等空间内充分利用开窗来提供室内所需的环境光，开窗的形式是否最大限度地利用了自然光，是评判博物馆展示照明方案是否节能的标准（图5-24）。

2. 环境照明与重点照明安排的是否合理

当展品对环境照度要求较高时，对于展品布置密度不大的展示空间，一定要减少环境照明的照度，而尽可能通过合理配置重点照明来达到展品所需要求，因此要从节能角度出发，调整好博物馆空间内环境照明与重点照明的关系。

（七）博物馆展示照明方案分析

利用计算机绘制效果图或采取实体建模的方式对设计概念进行研究，通过模拟环境照明、重点照明、装饰照明的布局方式对博物馆空间照明环境进行分析，以确保展示照明设计方案的合理性，当然利用计算机及实体建模的手法进行模拟研究，只可以作为一种参考，不要过于依赖这些方法对照明方案的分析（图5-25）。

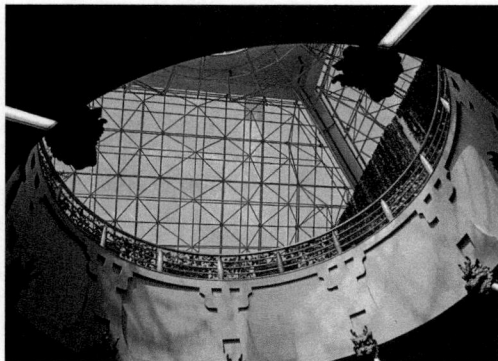

图5-24 自然采光

图5-25 模拟照明效果

（八）对设计构思予以评价

重新审视设计概念是否达到了展示项目对照明提出的要求，是否突出了展品特性、能否达到公众的观展要求、与博物馆现有的设计风格是否相符，同时也要考虑到是否忽略了某些限制条件，使得这一设计构想在后期的施工阶段无法落实，因此，此阶段需要再一次组织举办方、公众、设计师及技术人员对设计构思给予评价及建议。

三　设计深入阶段

设计深入阶段需要绘制出完整的博物馆照明系统布局图，并确定使用的光源、灯具的规格尺寸。这一阶段设计师需要考虑的是利用什么灯具和技术手段来表现前期准备阶段收集的信息和设计构思阶段形成的理念。此时设计师需依据不同功能空间及展品对光线的要求选择光源类型；按照建筑风格、空间照明质量要求及项目预算选取灯具；依据既定的配光模式确定灯具数量、间距及安装位置；根据观展路线的布局论证出现眩光的可能性；灯具的安装及电路的控制是否照顾到了后期运营过程中的维修，同时在对光源、灯具选取时应考虑光色与室内材料、展示道具的色彩是否协调。

除了确定灯具的布置图外，还要对博物馆照明设计方案进行量化分析与计算，专业的电脑软件会帮助设计师完成这一工作。利用软件不但能帮助设计师计算展示空间的光线分布，还在一定程度上客观地模拟照明环境，从而让实施后的展示照明效果更贴近举办方、公众、展品对设计的要求。这一阶段也需要反复检测，一旦发现方案在某些地方未能达到设计要求，必须对光源、灯具、安装方式等进行必要的修改。

（一）光源与灯具的选择

不同光源在光谱特性、发光效率、使用条件及价格上都有各自的优劣，因此应根据具体使用的空间及选用灯具的目的进行光源类型的选取。由于博物馆展示空间的形式、大小千差万别，布展形式也多种多样，很难有普遍适用的灯具，但一般情况下对于环境照明来说常采用紧凑型荧光灯、白炽灯、卤钨灯、高强度气体放电灯；重点照明常采用卤钨灯、白炽灯、T3 和 T4 直管荧光灯；装饰照明常选择低压卤钨灯、高强度气体放电灯、特种光源等；安全照明常采用发光二极管、紧凑型荧光灯、低压白炽灯等。

在选择灯具时既要根据博物馆展示空间的设计风格，也要考虑到设计应达到的光照效果，同时博物馆方对照明部分的资金投入预算也是必须考虑的，选取灯具应该在确定光源后进行，光源选定后，才需进一步考虑选取的灯具的空间光强分布如何、光束角大小及眩光控制怎样等。

（二）光源位置及安装构造确定

光源的位置及安装构造确定也是博物馆照明设计方案深入的重要一环，环境照明灯具安在哪些位置，提供的环境光分布是否均匀；重点照明需要从什么样的角度照射展品，用一盏还是用一组投射灯，主光、补光如何分配；装饰照明灯具位置是否起到了渲染气氛的效果，灯具形态与展示空间风格是否协调；各灯具的安装是否考虑到了后期维护方便等，都是设计师需要思考的问题。当然在进行光源位置及安装构造形式确定时，不只要从照明的要求出发，更要照顾到博物馆展示空间的整体设计效果。

（三）安全因素排查

博物馆照明设计深入阶段应从安全角度对照明设计方案进行排查，要考虑所有灯具、开关、线路的布置是否会有给公众带来人身伤害的可能；环境照明、重点照明的强光源距离展品、顶棚、墙面是否过近，会不会引发火灾；安全照明灯具是否有效，出入口的照度在开启时是否合适；展柜内灯具的发热情况如何，通风条件如何等。

（四）节能与后期维护

将节能作为重要考虑因素贯穿于整个博物馆展示空间设计的始终，是真正做到节约能源的先决条件。照明作为博物馆后期运营的主要能源消耗，在展示照明设计之前就应该将顶棚、垂直面、地板对光线的反射性能加以考虑，采用高反射比的亚光墙面和浅色顶棚可以增加空间内部的反射光；尽量采用开放空间以减少界面对光线的吸收；必要的透明材料使用为辅助空间提供环境照明的最低照度等。在进行展示照明设计过程中，采用合理的照明方案、节能器件及照明控制系统是节约能源及方便后期维护所必须的。

1. 合理的照明设计方案构思

能利用自然光的博物馆空间尽量采取天然采光的方式，这是一条重要的节能理念。考虑到天气原因会对天然采光带来影响，在使用天然采光的空间仍按分区方式另设置人工照明系统，在特殊时段利用人工照明对空间照度予以补充，在天然采光与人工照明并行的空间内，要分析空间内的使用需求，将人工照明的重点放在照度要求最高的使用区域（图 5-26）。

在照明设计时应避免将博物馆内的平均照度设置的过高，只要能够达到正常的使用要求即可，在利用环境照明获得基本的平均照度后，充分利用对重点照明的控

图 5-26　利用天光

制来达到使用区域展品及观众活动的需要。在进行博物馆照明设计时，依据展陈文本，在不影响展示主题、展示顺序的前提下将对照度要求接近的展品设置在一起，这样有利于设定空间中的平均照度值，同时对展品的保护也有一定的好处。

2. 光源、灯具、照明开关等节能器件的选择

光源应选择高光效的节能灯，尽量少使用低效光源，如白炽灯；避免选用超长寿命的光源，因为其光效比短寿命的光源低，当然除非是考虑到后期维护的难易程度；在照度要求恒定的空间，光源选择也要遵循一个原则：如一个光源就能满足展示照度要求，那么就避免使用两个或多个小功率的光源去代替上述的单一光源，因为多级照明光源每瓦光输出低，对节能不利。

灯具的选取及安装也要考虑其功效性，在确保达到展示照明要求的前提下，首先要选择功效高的灯具，其次对于半直接灯具或直接灯具在安装高度上尽量接近展示面，以减少光线被周围环境所吸收；再次反射式灯具及暗藏灯槽等提供环境照明的方法要慎用，因为这类形式的照明意味着部分光线会被界面吸收；还要尽量避免使用封闭性灯具，这类灯具会因热量的堆积而降低功效；另外充当重点照明的灯具应选择好光束角以确保照射范围的准确性。

3. 合理的照明控制系统

良好的博物馆照明设计方案除了要考虑到展品在展示过程中的照明状态，还应考虑不同时段使用者（观展、闭展）对展示环境中照明状况的需要。因此照明设计应依据不同时段展厅的使用要求和使用模式确定照明控制方式，避免出现保洁人员在进入空间工作时的照明状态与公众观展时展厅的照明状态相同。在照明设计之初

就应考虑到不同照明组合的控制方式，让博物馆方、公众都满意的照明形式往往就意味着节能（图5-27）。为了减少不必要的光照，应设计多回路开关和调光装置来确保照明组合方式的多样性和灵活性，同时也能自如地根据需求来调整功能区域的照明水平；在观众不可预计的展示空间中设置人员流动传感器，让照明根据公众的活动情况控制环境内的照明开启；在应用天然采光与人工照明双系统设计的展示空间，通过光电传感器来感知自然光的强度，从而及时、有效地利用人工光源来弥补天然采光的不足（图5-28）。

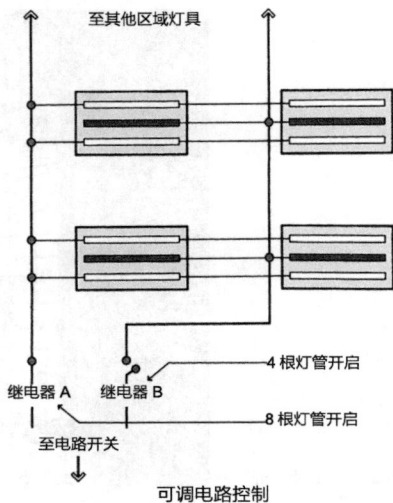

图 5-27　可控电路（引自《建筑照明》216 页）

4. 与各专业协调

为了让照明设计能够与博物馆空间的整体设计风格协调，进一步突出展示设计构思，需要在照明设计之前与各工种设计人员协调，听取建筑设计师、电气工程师、施工人员的建议，根据展示项目的大小及复杂程度，确定展示照明设计的目标，筹划出对于展示空间最适合的照明设计方案，并确保后期的展示照明设计方案能够按照设计意图顺利实施。

5. 绘制出完整的照明设计图纸

照明方案确定后，就要让电器工程师帮助绘制完整的照明设计图纸，绘制的图纸要规范，并在施工前对照明施工队伍进行技术交底，说明照明施工过程中的重要环节，以确保能够按照明设计图纸施工。

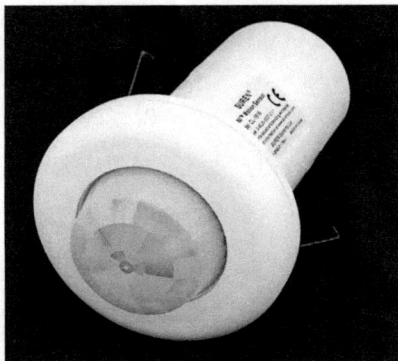

图 5-28　红外灯控人体感应器

四　施工调整阶段

施工调整阶段是设计师配合电气工程施工队伍进行照明方案调整的过程，在具体的照明系统施工阶段，设计师需要不断去现场与工程人员进行光源及灯具确认、灯具位置及安装方式的确定、环境照明及重点照明的照度检验等，从而能够及时发现问题，在现场进行设计变更，使照明环境尽可能实现最初的设计想法。

在施工调整阶段应该做好博物馆展示照明设计的总结工作，设计中所采取的照明设计手法是否有效地解决了展示空间的常见问题，对于没有达到预期效果的照明配置要进行认真分析，找出补救方法，这对于解决今后的照明设计项目中的类似问题会非常有益。

第四节
博物馆展示照明设计

从光的功效出发，将光划分为环境光、重点光、装饰光，是美国的照明设计先行者理查德·凯利多年的照明设计经验总结。由于每一功能的光其实都代表了一种独特的照明类型，在本书研究博物馆照明设计时，也沿用理查德·凯利的设计经验，将博物馆展厅内的照明类型设定为：环境照明、重点照明、装饰照明，另外，考虑到需要对博物馆内部的公众进行引导和安全疏散，在博物馆内部还应设置安全照明体系。

一　环境照明

环境照明是为了满足展示空间最基本的照度需求而设置的，环境照明的功能是让公众能够感知空间与展品，博物馆内要求环境照明提供均匀分布的光线，环境照明在有些照明设计书中也称一般照明。博物馆的环境照明即可由天然光构成，也可以是人工光源，由于天然光中的紫外辐射会损害展品，且很难控制，所以通常在进行博物馆环境照明设计时，往往采用人工光源构建环境照明。环境照明主要是为使用者提供的，方便使用者感知博物馆内部的空间、展品的存在及在博物馆内部活动，这里使用者的概念既包括观展公众，也包括工作人员。当然在进行环境照明设计时，除了要考虑展品、使用者的功能需求，也要照顾到整个展示空间照明环境的视觉效果。

（一）环境照度控制

依据展品特性、建筑环境、资金状况等前期调研选定了博物馆的照明亮度图式后，就需要利用环境照明、重点照明、装饰照明来实现，而无论是低亮度图式、中亮度图式还高亮度图式都先由环境照明提供的基本照度，因此根据选定的亮度图式区控制环境光提供的照度，就是进行环境照明布置的首要问题。目前在环境照明设计过程中普遍存在照度值超标、照度不均匀等问题，因此在进行环境照明设计时应严格遵守博物馆对照度的要求，并利用照明软件对设计方案进行论证。

（二）环境照度均匀度控制

环境照明非常注重照度分布的均质性，因为环境照明对于博物馆的整个照明设计来讲只是起到了一个铺垫作用，而这个铺垫在展示空间环境内要求均匀，就像手绘室内效果图时，要先渲染上一种深浅适度的颜色，这层色调的颜色在渲染时必须是均匀的，然后在这个色调的基础上在进行室内环境的细部勾画。环境照度的均匀度主要是由作为环境照明灯具的空间均匀分布决定的，因此在布置环境光的照明灯具时尽量采用等间距布局，而不必过多考虑与平面展品布局的一一对应，均匀的环境照明有利于提高展示空间适应更换展品展示的能力。在博物馆照明设计规范中对展示空间照度均匀度有如下规定：对于平面展品，最低照度与平均照度之比不应小于 0.8；但对于高度大于 1.4 米的平面展品，则要求最低照度与平均照度之比不应小于 0.4；如只有环境照明的展示空间，地面最低照度与平均照度之比不应小于 0.7。

（三）环境色彩控制

博物馆展示空间一般选用色温小于 3300K 的光源作照明光源，这一规定的目的是对博物馆展示空间内的环境色彩进行控制；另外，为了真实反映展品的色彩，在展示绘画、彩色织物、多色展品等对辨色要求高的场所，应采用一般显色指数（Ra）不低于 90 的光源作照明光源；对辨色要求不高的场所，可采用一般显色指数不低于 60 的光源作照明光源。

（四）采用天然光做环境照明的注意事项

天然光进入博物馆的展厅，除了会引起展厅温度上升之外，还会产生直接眩光和光斑、照度分布极不均匀稳定的问题。天然光中的紫外线含量也很高，会使展品受到损害，利用百叶窗、格栅、窗帘或别的遮挡物就可阻止天然光直接进入陈列室；另外，在窗玻璃上涂一层吸收紫外线的涂料或贴一层吸收紫外线的薄膜，或在天窗下加一层吸收紫外线的塑料等，或直接采用吸收紫外线的玻璃都可以达到减少天然光中紫外线的目的。如用天然光作为环境照明，尽可能采用天窗采光，因为天窗采光在避免直接眩光和反射眩光方面以及在不占用墙面等方面比侧窗采光优越；有条件也可开北向高窗，以减少太阳直射对室内温度及相关因素的影响（图 5-29）。

由于天然光在展示空间内部产生的照度水平随时间、地点、气候而发生变化，当阴雨天

图 5-29　北向高窗

或中国北方地区的冬、春季节的早晚，展厅内的照度水平可能低于标准，因此，除被核定公布为重点文物保护单位并规定不准引入电气线路的木结构展厅外，都必须设置人工照明作为天然光的补充。

　　环境照明可以采用在展示空间顶棚上直接安装光源，也可以通过反射式灯具照射顶棚，将顶棚作为间接光源来为空间所需环境照明，当顶棚作为间接光源使用时，顶棚表面材料应采用反光饰面如白色涂料或具有较好反光性能的板材，当然设计师也可以利用灯具照射空白墙面，让墙面变为间接光源地为空间提供环境照明。采用何种类型的环境照明，要依据设计构思过程中选定的博物馆展示空间亮度图式，在把握亮度图式的基础上进行环境照明类型的选择，以下是几种常见的环境照明布局形式：

　　1. 顶棚上安装直接照射灯具

　　最常见的环境照明形式就是在顶棚上直接安装向下照射的灯具，常用的形式有：嵌入式灯具照明、吸顶式灯具照明、格栅灯具照明、导轨式灯具照明、悬挂式灯具照明等，通过控制灯具的间距来保证环境照明的均质性。嵌入式灯具照明、吸顶式灯具照明往往使用在中亮度图式与高亮度图式的展示空间中，特别适用于净空不高的展示空间（图 5-30）；在嵌入式灯具照明的基础上设导轨式灯具照明，可以比较灵活地满足不同类型的展品照明要求，嵌入式灯具照明在中亮度图式与高亮度图式的展示空间中都可使用（图 5-31）；空间较高时采用悬挂式灯具照明，悬挂式灯具照明常用于低亮度图式或中亮度图式的展示空间（图 5-32、图 5-33）；格栅式灯具照明常用在低亮度图式的展示空间，环境不需要顶棚反射光，格栅式灯具照明有利于灯具的后期维护和散热（图 5-34）。顶棚直接安装向下照射的灯具容易产生眩光，因此选用直接照射的环境照明形式时，一定要选好灯具，不要因为产生眩光或灯具照度过亮而影响公众的观展。

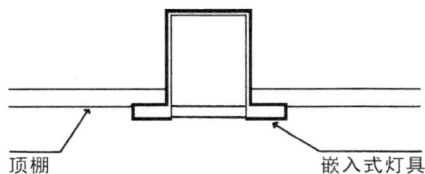

图 5-30　嵌入式灯具

顶棚　　　　　嵌入式灯具

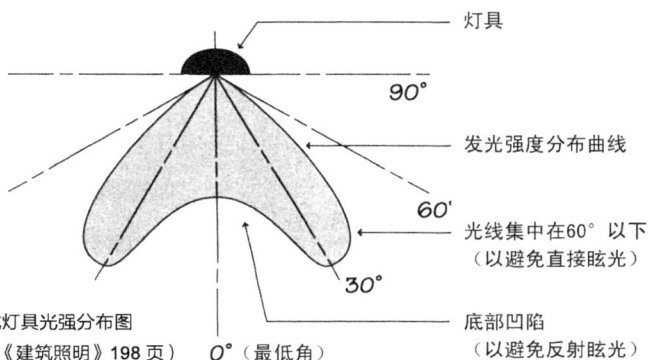

灯具

发光强度分布曲线

光线集中在60°以下
（以避免直接眩光）

底部凹陷
（以避免反射眩光）

90°

60′

30°

0°（最低角）

图 5-31　嵌入式灯具光强分布图
（引自《建筑照明》198 页）

5-32

扩散的上射光
（避免在顶棚上形成光斑）

90°

60°

光线集中在45°以下
（以避免直接眩光）

30°

底部平坦
（容易产生反射眩光）

0°

5-33

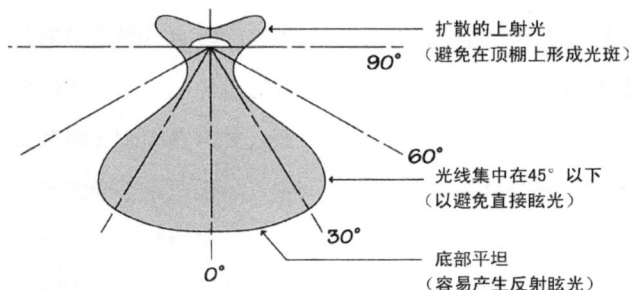

5-34

5-35

图 5-32　悬挂式灯具（引自《世界建筑》2004 年第 5 期 24 页）
图 5-33　悬挂式灯具光强分布图（引自《建筑照明》198 页）
图 5-34　格栅轨道射灯结合
图 5-35　发光顶棚
图 5-36　发光顶棚构造细部

5-36

2. 发光顶棚

发光顶棚可以为展示空间提供环境照明，并能使空间显得开阔，发光顶棚是将顶棚模拟成天然光的一种照明处理形式，即在顶棚上安装漫反射器，漫反射器就是灯光片一类的介质，光源通过漫反射器产生均匀的光线向下照射，发光顶棚适合于选用高亮度图式的展示空间。为了防止眩光的出现，发光顶棚往往需要降低亮度，发光顶棚提供环境照度的形式很少用在展示空间中，而常用于门厅、过厅、走廊等辅助空间（图5-35、图 5-36 ）。

5-37

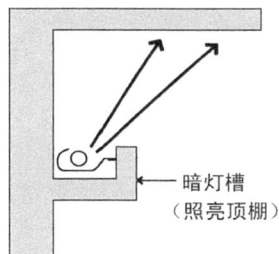

5-38

5-39

图 5-37　悬挂反射灯具
图 5-38　暗藏灯槽构造
图 5-39　暗藏灯槽范例
图 5-40　壁槽照明构造
图 5-41　壁槽照明范例

3. 悬挂反射灯具

悬挂反射灯具是一种将向上照射的照明灯具悬挂在顶棚下方，通过灯具将顶棚照亮从而为空间提供环境照明的方法，悬挂反射灯具适合于在中亮度图式的展示空间使用。可以利用吊杆将悬挂式灯具从顶棚上悬挂下来，由于照明形式属间接式照明，所以在相同光源的照射下悬挂式灯具会比直接照明暗一些，为了让观众不会感到空间压抑，往往在选择悬挂式灯具时采用半透明材料，让一部分光透过灯具向下照射，以获得较好的照明效果（图5-37）。

4. 暗藏灯槽

暗藏灯槽可以将灯槽内光源发出的光线反射到顶棚，以提供空间的环境照明，暗藏灯槽提供的光线比较柔和，使观众有一种空间开阔的感觉，暗藏灯槽适合于在中亮度图式的展示空间使用。随着灯槽离顶棚距离的增大，顶棚上的光线的均质性会提高（图5-38、图5-39）。

5. 壁槽照明

壁槽照明是为了获得墙面自上而下渐变的平滑光线，因此充当壁槽照明的往往是线光源。通过将灯具安装在凹入顶棚的灯槽或窗帘盒板后，光源会因灯槽或窗帘盒板的遮挡形成一条连续线光源自上向下照射，由于是连续的线光源，所以壁槽照明在墙面形成的光线与掠射光形成的光线不同，掠射光形成的是不均匀的光线分布，而壁槽照明形成的是水平向的均匀光，只是这种均匀光自上而下是逐渐减弱的，壁槽照明这一照明方式适合于在低亮度图式和中亮度图式的展示空间使用。充当壁槽照明的光源往往是荧光灯，为了产生连续性的光，安装时荧光灯之间要紧紧连在一起。设置壁槽照明

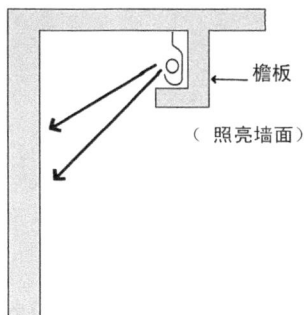

5-40

5-41

时需要的注意是：首先，要调整灯槽的深度以确保光源能够完全被遮住，避免眩光的出现；其次，一定要让灯槽延展至与墙面同宽，以获得整个墙面光线的连续性；再次，充当光源的荧光灯管一定要将端头紧靠到一起，以获得水平向光线分布的均质性，同时荧光灯管要离墙有一段距离，以避免在墙两端产生光斑（图 5-40、图 5-41）。

二 重点照明

重点照明在有些照明设计书中也称局部照明，通过采用高于环境照度的指向性光线，来突出展示环境中的重点区域或展品，从而吸引公众的视觉关注。重点照明主要是针对展品的展示，根据博物馆选择的照明亮度图式、布展方式、展品的类型来选择具体的重点照明方式。只有恰当地配置与环境照明关系、合理的选择光源与灯具、有效控制投射角度与溢光等，才能营造出理想的展示空间照明效果，重点照明通常是由不同类型射灯投射光线完成的（图 5-42）。

进行重点照明设计时首先是从展品保护方面出发，不合适的照明会对博物馆的展品尤其是珍贵的文物造成一定的光辐射损伤，过度的光照会使书画、古籍等纸质文物及丝绢文物酥化、变色，也会使陶瓷、壁画等文物的色泽淡去；其次应注意配置重点照明时要尽可能地凸显展品的特性，重点照明必须逼真地还原展品的器型、质地、纹饰、色泽等性质，凸显展品的细节特征，让公众能全方位地准确感受展品，这就对重点照明光源的照度、显色性、对比度等有了一定要求，同时考虑重点照明的照射方向，避免眩光的产生；再次重点照明设计也要从经济角度出发，要考虑到能源损耗、初次投资和后期投资等，尽量做到节省能源和健康环保，即所谓的"绿色照明"。

（一）重点照明与环境照明关系

使展品引人注目，以便让展品能充分展现其形状、颜色和纹理，这是重点照明的任务。但在完成上述任务时，还

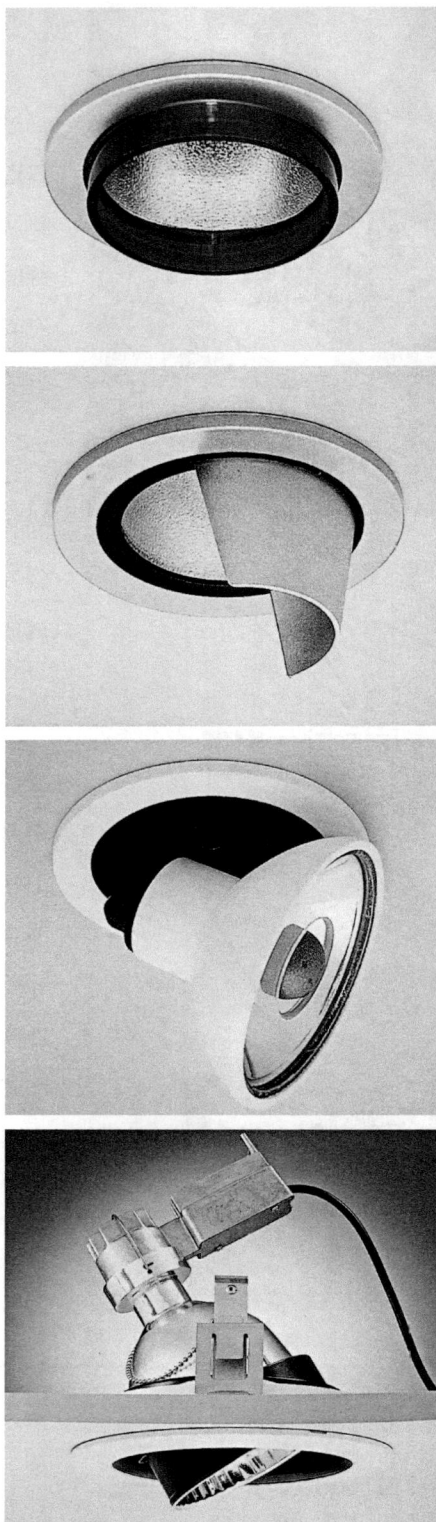

图 5-42 不同类型射灯

要注意与环境照明的协调，毕竟展示空间的整体效果比单一展品的展示效果更重要，因此在设置重点照明时要考虑与环境照明达到一种平衡，这种平衡不只是指呈现在公众视野中的亮度，还包括在色彩、照射角度，覆盖范围上等等，与环境照明的协调是设置重点照明必须遵循的规律。

1. 照度对比

设计重点照明需要考虑照射目标对象与周边环境照度的对比，适当的对比才能将展品从背景环境中衬托出来，在具体设计过程中除了考虑光的照度对比，还应将展品材料的光学性质考虑进去，即便相同照度的光照射在不同材料上面，给公众的亮度感受也是不同的，这是因为亮度是落在展品上的照度和它的反射度共同决定的。如果在重点照明的作用下，环境比展品亮很多或暗很多，那么公众的视觉会因难以适应而无法看清展品的细节，如在明亮环境下看暗色展品，则公众只能看清展品轮廓，因为展品与环境的亮度相差过大。由于展品与环境的亮度是由照度和材料的反射率共同决定的，因此在进行照明设计和选取照度值时应该特别慎重，要认真研究每个重点照明区域内一组展品在构造、外形及材料上的综合特性，再依据这一照射范围内不同展品耐受照度的能力来确定重点照明光源的照度大小。通常为创造良好的视觉条件，应使展示对象的亮度与展品周围亮度之比不大于 6 ：1，也不要小于 3 ：1；同时考虑到给公众的视觉感受，展品与其背景的亮度比应控制在 3 ：1，但这里只是给出一个简单的设计参考值，设计过程中应根据展示空间及展品的实际情况进行考虑（图 5-43）。

2. 选择合理的光束角

光束角是描述光源的光束是如何从光束中心线向外辐射的度量值，光束角是光束中心线到光强降低至中心线最大光强的 50% 时候的夹角。投光类灯具根据其光束的宽窄分为窄光束、中等光束、宽光束等。 一般而言当光束角小于 20° 时，就认为是窄光束；光束角在 20° ~ 40° 之间时，就认为是中等光束；光束角大于 40° 时，就称之为宽光束，光束角的数据通常由灯具生产厂家提供。光束角对于重点照明很重要，光源的光束是用来强调展示空间的视觉中心及重要展品的，光束角的大小对于决定一道光束是否能够罩住展品非常重要，如果由于光束角的原因让一个点光源无法照亮展品，则需考虑采取一组点光源，通过投射多条光束来满足展品的展示要求。

灯具的光束角会影响到重点照明的效果。重点照明经常使用灯杯和各种不同角度的灯具，不同角度的光束角照明出来的效果差异很大。灯杯的角度一般常见的有 10°、24°、38° 这三种。通过三个灯具功率完全相同，只是光束角不同的三个灯杯照射在墙面的效果（图 5-44），可以看到：10° 光束角的灯杯照射范围很小，而中心

光强最大，能在照射面上形成强烈的对比；38°
光束角的灯杯照射范围大，但其中心光强最小，
在照射面上形成的光斑是较柔和的；24° 光束角
就是介于 10° 和 38° 之间的一个效果，也就是说
相同功率的灯杯光束角越大其中心光强越小，出
来的光斑越柔，相反光束角越小其中心光强越大，
出来的光斑越硬。

不同光束角所表现的光照效果不同，有的擅
长勾勒展品的轮廓，有的注重表现展品的精细质
地，因此一定要了解具有不同光束角灯具的特点，
在实际布展中加以灵活运用。如光束角宽的灯杯
从正面照射展品，会使展品显得过于平淡而缺乏
立体感，同样用这样的光去照射平面展品，如果
平面展品表面的反射较强则会形成光幕反射，从
而降低展品的色调和色彩对比度；如采用光束角
窄的光杯去照射展品，由于这种光的聚焦过强，
会使展品的阴影明显，当然会有一种粗犷的感
觉，由于阴影过重，从而使展品的细节发生缺失，
这种窄光束的灯具较适合照射浮雕作品及平面展
品，因为方向性强的光束可以提高平面展品的艺
术效果。在进行重点照明设计时，除了要研究灯
具的光束角，还要考虑到溢出光束角以外的光，
通常被称作溢漏光，不同光束的溢漏光量是不同
的，溢漏光的定量描述由照度变化率所决定，照
度变化率越大，溢漏光越多，光溢漏量将最终影
响物体照明的对比效果。如用溢漏很多的灯具来
照亮展品时，由于光的溢出就将背景照亮，从而
降低展品与周围环境的对比；如选用聚焦较好的
灯具来照明展品，由于它有明显的光束边界，所
以就能够将光集中到展品本身，使展品从黑暗背
景的衬托中呼之而出（图 5-45）。

图 5-43　重点照度与环境照度对比

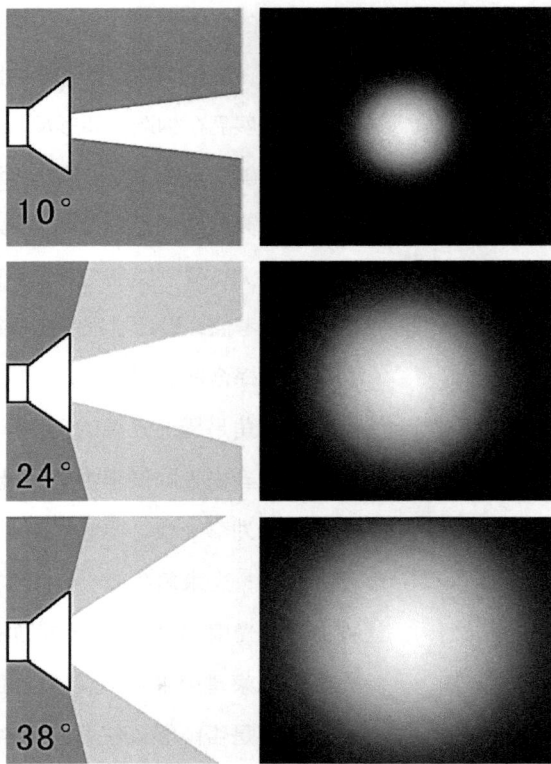

图 5-44　三种光束角

图 5-45
不同光束照射效果

　　太阳光由于距离较远，所以它的照射效果更像是一个光束宽的大灯杯，因此在正常照射下会使展品的表现趋于平淡，当然如果通过设计和安装特定位置和尺寸的窗户、天窗等对天然光进行处理，则仍会使天然光的照射效果具有特色，但由于自然光存在随时间的变化的因素，因此在多数情况下，往往采用能形成会聚焦光束的点光源充当重点照明的角色来对展品进行照射。为了设计好重点照明，设计师必须对灯具的基本情况如光束角的宽窄、光斑形状、扩散角度以及光强等进行了解，如光束的宽窄是否能够覆盖展品，需要几束光叠加来满足重点照明的要求，同时还要根据光束角宽窄和光强来考虑光源离展品的距离来判定重点照明是否达到了设计要求。

　　为了进一步阐述问题，现模拟三种不同的光束角在立体展品上的效果，使用石膏雕像来进行模拟，在石膏像三种光束上产生不同的效果：10°角以其强烈的明暗对比给人极强的视觉冲击力，能够在第一时间抓住人们的目光，但是在强烈的明暗对比下，并不能看清石膏雕像的细部，而且由于光束角太小，导致雕像并没有完全展现在公众眼前；24°的光束角就比10°的光束角好多了，石膏的质感和人物雕像的神态都能得到很好的展现，而且在三者之间也有较好的视觉冲击力；38°的光束角让雕像变的更加的柔和、细腻，而且你会更容易地观察到雕像的细节，但是由于光束角过大，把背景墙和雕像混在一起了，这样在10°和24°光束角照射的雕像放在一起时就很难引起公众的注意。

　　这是在相同功率、相同投射角度和距离下的不同光束角的比较，在实际运用中设计师还要把投射距离、角度以及环境亮度拿来进行综合考虑，然后根据展示的需要选择不同的灯杯。如果周围环境照度比较高的话，可能就需要10°的光束角，因为周边的环境光可以弥补它在雕像上未照射到的区域，而10°的光束角在雕像上形成强烈的明暗对比又有很好的视觉冲击力；如果安装距离再近一些的话，那就应该选38°的光束角，这时38°的光束角效果就类似图中的24°角效果，由于距离变短，光照范围也跟着变小，光强也随之提高；同理如果投射距离变远，就应该选择10°的光束角（图5-46）。

图5-46　三种光束角光照效果

3. 选择好配光曲线

任何光源或灯具在处于工作状态时都会向周围空间投射光通量，可以通俗地理解为光线投射，用光线的长短来表征某一方向的发光强度，把这些能够表示不同方向、发光强度的光线的终端连在一起，就会成为一个封闭的光强体，利用一个通过光强体垂直轴线的平面对这一光强体进行切割，则在这一垂直平面上就会得到一个闭合的交线，此交线以极坐标的形式绘制到垂直平面上就是灯具的配光曲线。借用《建筑照明》书中图例直观地理解配光曲线（图5-47、图5-48）。

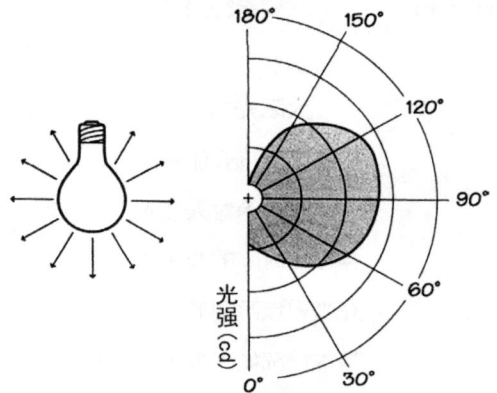

图5-48　白炽灯光强分布图（引自《建筑照明》84页）

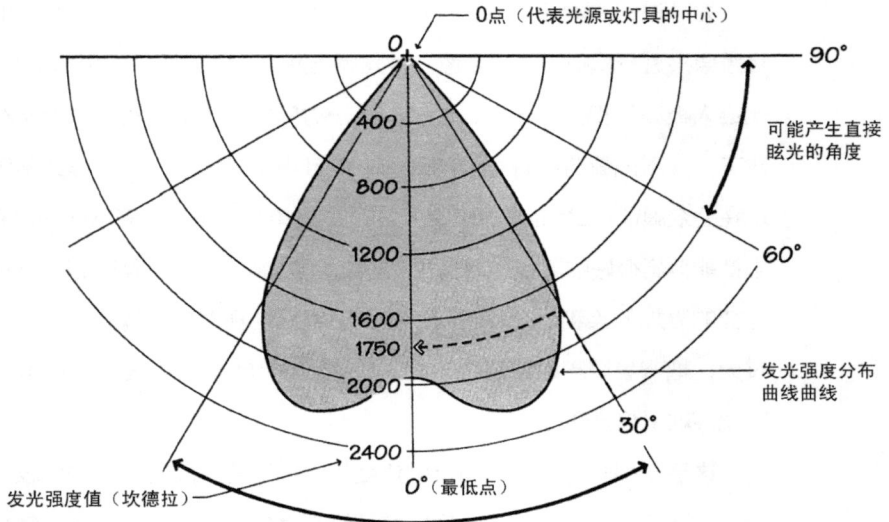

图5-47　发光强度分布曲线（引自《建筑照明》152页）

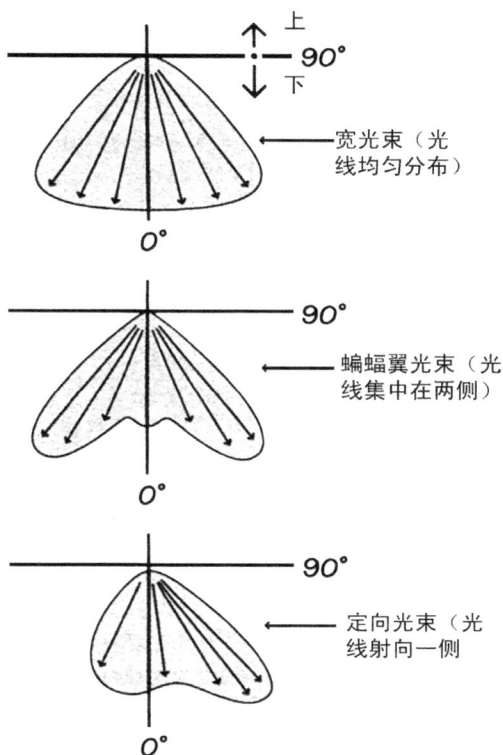

图 5-49 不同形态光强分布图（引自《建筑照明》65 页）

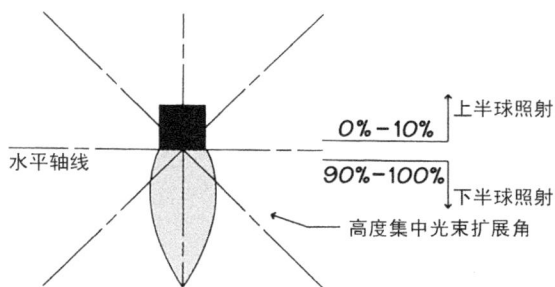

图 5-50 高度集中窄配光（引自《建筑照明》197 页）

配光曲线是表现一个灯具或光源发射出的光在空间中的分布情况。它可以记录灯具的光通量、光源数量、功率、功率因数、灯具尺寸、灯具效率包括灯具制造商、型号等信息，当然最关键的还是记录灯具在各个方向上的发光强度。灯具的配光曲线是选择重点照明灯具的主要依据，因为配光曲线能够控制光源照射展品的形态。

配光曲线按照其对称性质通常可分为：轴向对称配光、对称配光和非对称配光。轴向对称配光又被称为旋转对称，是指各个方向上的配光曲线都是基本对称的，一般的筒灯、工矿灯都是这样的配光；对称配光当灯具 C0° 和 C180° 剖面配光对称，同时 C90° 和 C270° 剖面配光对称时，这样的配光曲线称为对称配光；非对称配光是指 C0°～180° 和 C90°～270° 任意一个剖面配光不对称的配光形式。配光曲线按照其光束角度通常可分为窄配光与宽配光，宽配光是指光束角大于 40°，窄配光是指光束角小于 40°（图 5-49、图 5-50）。

配光曲线上的每个点，都代表灯具在这一方向上的发光强度，因此通过配光曲线即可推断此灯具工作时光线在空间中的大致分布状况，将不同配光曲线的灯具与展示空间及展品的色彩、材质、形态进行有效组合，就会产生出各种不同的

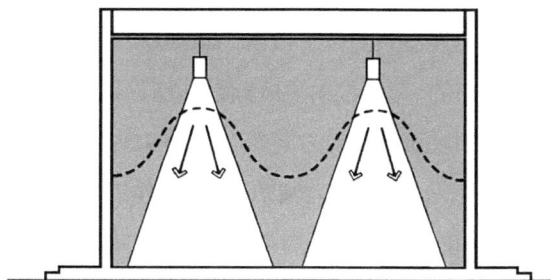

图 5-51 宽配光提供均匀度（引自《建筑照明》200 页）

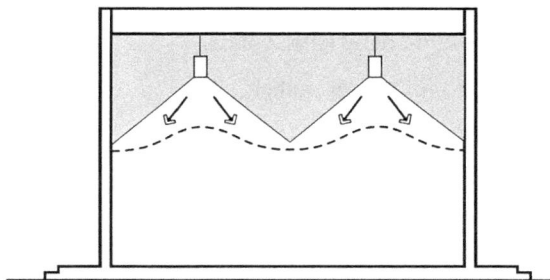

图 5-52 窄配光提供不均匀照明（引自《建筑照明》200 页）

5-53

图 5-53　投射角度不同
图 5-54　不同投射角度光照效果

5-54

设计效果。在进行博物馆展示空间照明设计时,要根据灯具与被照面的距离来确定配光曲线的形状,一般原则是近距离采用宽配光,远距离则使用窄配光,当然有时也会采用近距离窄配光的设计手法,但往往是为了追求某种戏剧效果时采用的(图5-51、图5-52)。

4.投射角度

相同展品在不同投射角度光的照射下会产生不同的效果。进行重点照明设计时要做到投射方向准确,才能够突出展示的层次,增强展品与环境的对比,同时也避免了直接眩光的出现。投射角度准确不仅是让投射光将目标展品照亮,还要利用投射的光将展品的特色展示出来,由于博物馆内展品类型的不同,既有立体展品与平面展品之分,又有大幅展品与小件展品之别,所以投射灯的照射角度在设置时也不尽相同,必须通过分析展品的特点设置重点照明的投射角度,从而才能达到突出展品价值的目的(图5-53、图5-54)。

有的展品只需单一投射光源即可,但有的展品则需要多束光线配合照射才能达到展示目的,单一投射光的照射处理起来比较简单,只要选择好灯具的配光曲线、光束角、安装位置、投射方向即可;而多束光线在处理时,则需分配好各光束的角色扮演,谁充当主光源,谁作为辅助光源,谁作为背景光源等等,只有恰当地分配好不同角色扮演,才能使被照射的展品更加生动(图5-55)。

在进行重点照明设计时,需要分析重点照明的投光范围,下面介绍一种绘制重点

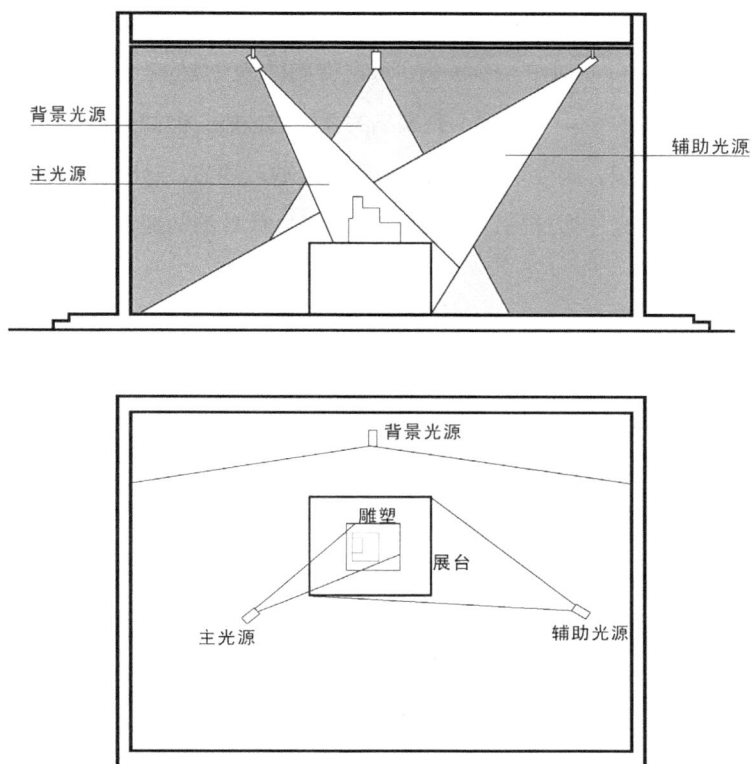

图 5-55
多束光线配合照射

照明的投光范围的方法,选自《建筑照明》一书。首先,沿灯具位置绘制展厅的剖面图,在剖面图上画出光源光束角的范围,这一角度即为光源的照射范围,灯具和光源的光束角度可以从灯具制造商处查询;其次,在剖面图光源照射的立面画出光线与墙的交点 A;再次,画两条光线,一条光线从灯具出发,沿着光束角的边沿向外延展,另一条光线从 A 点出发,平行于上一条光线向下延展;最后在两条平行光线中间画一条线,并将此线弯向 A 点,这样画出接近于伞形的形状就可看作是实际光照的情况(图5-56)。

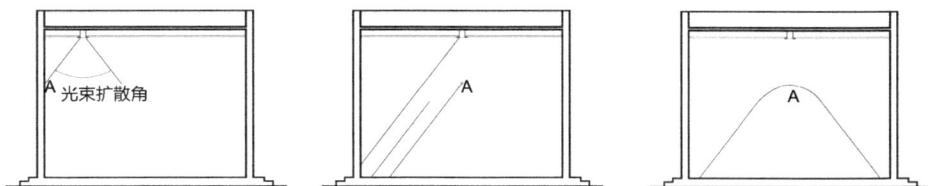

图 5-56
投光范围控制方法
(引自《建筑照明》236 页)

5. 立体感

对于立体展品应着重表现其立体感,重点照明能够很好地表现展品的立体感,但它需要与环境照明配合来完成,作为重点照明和环境照明的光源色温应接近。一般情况下在立体展品的侧前上方 40° ～ 60° 的位置以投射灯作为重点照明对展品照射,并使重点照明的照度为环境照度的 2 ～ 5 倍,如是青铜材质或其他暗色的展品,重点照明的照度为环境照度的 5 ～ 10 倍时,则展品的立体感较好,但如果重点照明的照度与环境照度的对比过强,则会导致展品的阴影部分缺乏细节,这时需在适当位置增设一个低照度的投射光作为补光,在充分表现展品立体感的前提下使展品具有很好的细节。

6. 光影变化

对于立体展品,无论是强化展品的造型与轮廓,还是显示其外表精细肌理,都是重点照明设计需要考虑的内容,同样一件展品,重点照明方式的变化会产生不同的展示效果,设计师应该选择一种合适的照明方式来强化展品特征,突出展示意图。作为重点照明的点光源可以通过从前方照射目标物体,将阴影投射到背景墙上,从而产生一种较为生动的视觉效果。采用这种照明手法时一定要注意背景墙不能复杂,否则会因阴影的变形而破坏影子的整体轮廓,强调阴影的目标物体可以是展品、艺术品,也可以是植物,照射目标物体的灯具到目标体的距离应视空间的大小及想获得的阴影效果来确定,灯具离目标物体越近,则投射的影子越大。剪影效果是通过从目标物体背后提供照明,使整个物体变暗而背景变亮,从而被表现为只有边缘没有细部的轮廓,由于剪影效果忽略了物体的细部特征,所以应用范围较小,在实际应用时应注意灯具提供的照度与所处环境照度的比值大小,同时避免出现因环境照度过低,而使充当剪影照明的灯具成为空间的眩光来源(图 5-57、图 5-58)。

7. 光斑控制

光斑也是描述重点照明灯具的量值,投射光束照射在垂直面上就会形成光斑,光斑的大小与灯具离墙距离有关,同样光斑也与灯具的光束角有关,光源若应用在

图 5-57　空间光影变化

图 5-58　剪影效果

5-59

图 5-59 异型光斑
图 5-60 影像投影效果

5-60

不同光束角的反射器中,光束角越大则中心光强越大,光斑越小则散射效果就越差,控制光斑的大小可以通过调整灯具离墙的距离来实现。除了光斑大小,光斑的形状也需要设计,通常光斑的形状都是近似伞形,但为了照射展品需要及展示照明的趣味性,也会将灯具落在墙上的光斑设计成其他几何形状如方形光斑、椭圆光斑、梯形光斑、异形光斑等。另外根据展示的需要,有时会采用投影灯在墙面上投射图像(图 5-59、图 5-60)。

（二）重点照明形式

1. 垂直展面照明

垂直展面的重点照明常采用投射光较好的灯具充当,通过将光线集中到墙面的展品上,能够吸引观展公众的注意力,同时也能让展品清晰地呈现在公众的面前。在采用垂直展面照明时应注意展品与照明之间的呼应关系,如果墙面展示的是大幅展品,则需对墙面照度均匀度的加以控制,使观众不会因光线的不均匀影响对展品的观赏;如墙面展品不大且有多个组成,则需注意重点照明的投射范围要能完整地覆盖展品,并确保每幅展品都会有一盏投射灯与之对应,让观众能够看清每一幅作品。常见的垂直面照射形式有洗墙、掠射灯、独立射灯等。

1）洗墙

洗墙是指利用光源照射大面积墙面,让光线平滑均匀地分布在墙面上,以增加墙面的亮度,使空间显得开阔,大尺度展品也可采用洗墙的做法,为空间增色,洗墙这一照明方式适合于在低亮度图式和中亮度图式的展示空间中使用。洗墙光能让墙面在视觉上形成一个光照整体,并能淡化墙面的肌理,这时的墙面既可以是浅色的空白墙面,也可能会镶有大幅的展品。

洗墙光是为了获得整体墙面光线的均匀分布，因此设计的关键是获得均匀的墙面光，为了获得均匀的光线分布，应将照射光源远离墙面，一般光源距墙面应在 50 厘米以上，光源离墙面越远，墙面会显得越平坦，墙面上光线的分布也会越均匀。用作洗墙的灯具种类很多，具体灯具类型选取应根据展示空间的大小及所需光线强度等因素决定（图 5-61）。

2）掠射灯

掠射灯是为了凸显被照墙面的肌理而向墙面投射的光源，光线在墙面上呈不均匀分布，当然墙面在掠射灯的照射下也间接地起到了为空间提供环境照明的作用，掠射灯适合于在低亮度图式和中亮度图式的展示空间使用。做为掠射光的灯具往往采用点光源，因近距离照射墙面展现不同肌理，而使空间出现一个视觉中心点，同时也让空间变得比较活泼。掠射灯是通过不均匀的光线分布来凸显墙面的肌理，掠射光很少只照射墙面的局部，而往往覆盖整个墙面，当然在设置掠射光时一定要明确，不是用它来照射展品的而是用来照射墙面的，因为掠射光离墙面很近，如再照射的墙面展示展品，会因顶部照射产生阴影，而难以很好地展示展品。掠射灯一般设置在距垂直墙面顶部 30 厘米的位置，从顶部垂直向下照射，通过不均匀的连续投影来使空白墙面产生戏剧性的效果，掠射光是从墙面的顶部照射下来的，墙面光线的强弱会自上而下减弱，为了使垂直向上的梯度显得平滑，可在照射墙面顶部和底部增加水平线条，将亮度水平分隔在不连续的区域内。需要说明的是这种照射方式也会将墙面的施工缺陷如不平整、起鼓等问题凸显出来，因此在使用

图 5-61 洗墙照明范例

图 5-62 掠射灯照明范例

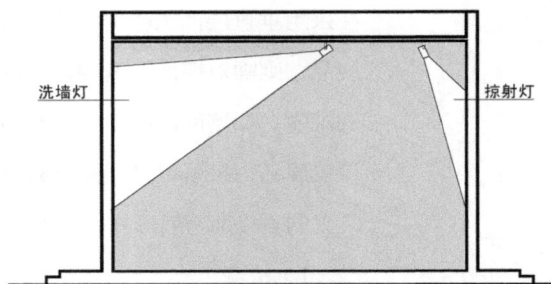

洗墙灯与掠射灯的设计

图 5-63 洗墙灯与掠射灯

图 5-64
光照与展品对应关系

这种照明时要考虑到上述问题（图 5-62）。在具体进行展示照明设计时需注意洗墙灯与掠射灯的设置方法（图 5-63）。

　　设置掠射光时需要注意的是由于掠射灯主要是由点光源充当，所以会在墙面产生不均匀的光斑，这种照射形式往往需要与其他的设计元素如艺术品、绿植等配合使用，单独使用时如墙面的肌理过于平淡则给观众的感受有些莫名其妙。另外在设置充当掠射灯的点光源间距时，也要注意与垂直墙面在平面形式上有所呼应，如果垂直墙面上有均等的分割，则充当掠射灯的点光源应依据墙面的分割或展品的位置来设置。例如展墙上等距离被分割为三部分，每一部分都安排一幅展品，则需设置三盏掠射灯对应墙面的分割与展品进行照射（图 5-64）。

　　3）独立射灯

　　独立射灯的设置比较简单，但要注意照射的展品无论是一个还是多个，都需通过选择灯具和调整投射角度时投射光线范围能够覆盖到整个展品，如果没能完全覆盖，则会减低展品的展示质量；另外独立射灯光源的色温要与周围环境光的色温接近，以避免展品表面显出不同的颜色，特别是对色彩要求较高的绘画作品。独立射灯的安装位置一定要考虑好与展品与公众之间的关系，当独立射灯安装在顶棚上照射墙面展品时，应注意不要让独立射灯离墙太近，避免因画框投影在展品上影响观展；当然也不应离墙过远，离墙过远会给公众视野带来反射眩光；比较合适的位置是独立射灯照射展品上的光线与垂直顶棚的法线呈 30°（图 5-65、图 5-66）。

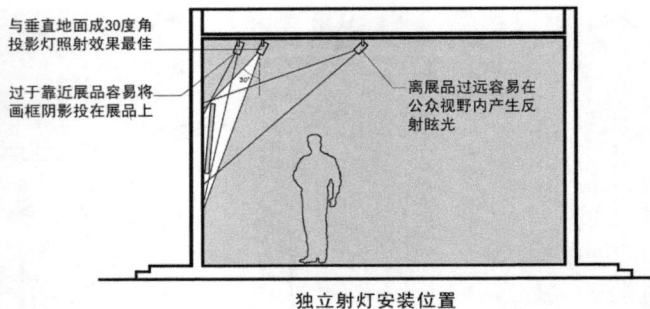

与垂直地面成30度角投影灯照射效果最佳

过于靠近展品容易将画框阴影投在展品上

离展品过远容易在公众视野内产生反射眩光

独立射灯安装位置

5-66

图 5-65 独立射灯
图 5-66 独立射灯设置要点（引自《建筑照明》238 页）
图 5-67 轨道射灯和导轨（引自《建筑照明》92 页）
图 5-68 轨道射灯范例

5-65

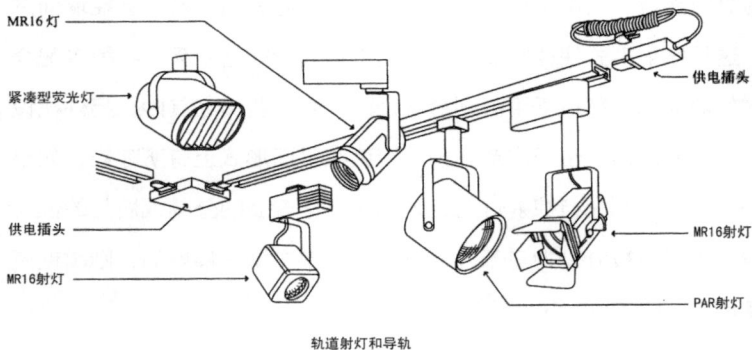

MR16 灯
紧凑型荧光灯
供电插头
MR16射灯
供电插头
MR16射灯
PAR射灯

轨道射灯和导轨

5-67

5-68

4）轨道射灯

轨道射灯也是常见的一种重点照明形式，一般用于照射墙面上的展品，通常在顶棚上安装通电导轨，然后将轨道射灯安装在通电导轨上，导轨在顶棚上的位置应根据顶棚高度与墙面上展品的大小来确定，轨道射灯能在导轨上滑动，以适应墙面上展品的位置变化（图 5-67、图 5-68）。

布置垂直墙面的重点照明时，除了要保证作为重点照明的投射光能够完全覆盖展品且照度与环境光的照度配比合适，还需做到避免眩光的产生，所以设计时常采用分析"无光源反射映像区"的方法去加以避免。在"无光源反射映像区"内布置光源，既能避免反射眩光，又能使较厚实的展品（如有画框的绘画等）不至于因画框的存在产生阴影。

以墙面展示 1 米 ×1 米的绘画作品为例，设定绘画展品的下框距地 1 米（一般为 0.8 米到 1.0 米），画的中心距地 1.5 米，观众离墙的位置是画面对角线长度的 1 倍（一般为 1.0 ～ 1.5 倍）距离处，观众的眼睛距地面的高度平均为 1.5 米。在此假设的基础上，"无光源反射映像区"确定方式如下：第一步在前面上离地 1 米处设一点 A（绘画作品下沿），再设一点 D（绘画作品上沿），过 A 作一条与垂直墙面成 20° 夹角的直线与顶棚交点为 H，连接 AH；第二步在离墙 1.414 米（画面对角线长度）、视高为 1.5 米的处画一个 E 点（观众眼睛位置），连接 ED；第三步过 D 做一条垂直于墙面的直线 DQ，根据入射角等于反射角的反射定律，绘出 ED 的反射线 FD，F 点为 ED 的反射线与顶棚的交点；第四步 D 点作一条与 FD 成 10° 夹角的直线 DG，则在顶棚 H 与 G 之间的区域即为"无光源反射映像区"，只要将投射灯设置在此区域则基本能够消除眩光（图 5-69）。

2. 立体展品照明

立体展品一般都会放置在展台上，当然大型的立体展品除外，如兵马俑军阵的展示。对于摆放在展台上的展品，首先要保证一定的照度使其轮廓清晰以提高安全性，避免公众碰到展台；其次在对立体展品进行重点照明时一定要选定立体展品的主方向进行光线投射，这样才能让公众有一个良好的观展视角，但除了这一主方向外，还要照顾到其他方向的观展，所以立体展品的重点照明很少是单一的投射光，往往是由

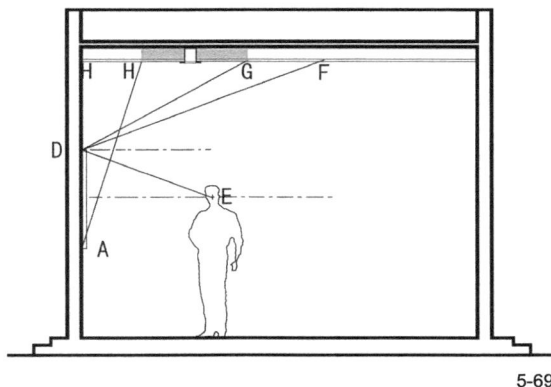

5-69

图 5-69 无光源反射映像区（引自《建筑照明》239 页）
图 5-70 立体展品照明（引自阿拉丁网）

5-70

一组投射灯进行照射,在这组投射灯中分主光与补光之分,做到投射光的主次分明,就会充分地展现立体展品的魅力。一般情况下由于博物馆内展品的珍贵价值,立体展品往往也被放置在反光性较强的玻璃罩内,这时要调整好公众、展品、投射灯三者之间的关系,避免出现反射眩光(图5-70)。

对于立体展品来说,一般在展品的侧前上方45°左右的位置以定向聚光灯作重点照明进行投射并使重点照明的照度为周边环境照明的2~5倍,照度的大小应视展品颜色的深浅而定,如果展品的色泽较深,则聚光灯的照度还可以增强,这样能够突出展品的形态与细部。为了让展品更生动,戏剧性更强,应认真调整光线的投射方向,使各方向照度变化更合理,还要控制好光线外溢;控制好展品处与环境的照度对比,不要因照度对比过高使观众产生视觉疲劳;选择防眩光角度大的灯具,以免出现直接眩光(图5-71)。

3. 展柜照明

展柜是博物馆常用的展示道具,由于很多展品都非常珍贵,为了保护展品免受损害与偷盗,就需把文物放到展柜中展示,由于展柜大都采用玻璃制成,这时为了看清展品,需要对展柜进行重点照明。展柜重点照明应设法将展柜中的亮度调节到高出展柜外围环境的亮度5~10倍,因此要在展柜内设置光源,这是要注意尽量将光源设在公众的观展视野之外,以免产生直接眩光;另外也可采用压低顶棚和周围环境照度的方法,让展品更突出,如利用格栅做顶棚或顶棚采用灰色或黑色饰面等。为使公众免受外来光线产生的反射眩光影响,展柜应采用无反射的玻璃,并且将较低的展柜正面玻璃正向做倾斜处理(图5-72、图5-73)。

图 5-71 重点照明范围明确

图 5-72 展柜照明

图 5-73 展柜与环境亮度对比

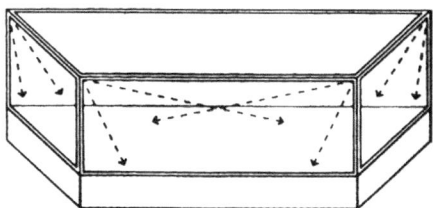

5-74

5-75

图 5-74 展柜光线分布（引自《建筑照明》272 页）
图 5-75 准确控光展柜灯具

　　展柜内的照明布置也必须遵循主次分明的原则，一定要突出主要的展品，在展柜内灯具位置的选择上尽量做到照射方向准确，避免光线溢出展柜，同时要控制灯具与展品间的距离，以免给展品带来安全隐患；灯具的光束角不应太小，否则容易因光线的不连续影响观展的连续性；灯具的尺寸不要过大，以防影响公众观展；装在展柜外面的灯具位置应细心调整，避免出现反射眩光；除此之外使用的灯具应外形简洁，角度调整方式简便，控光角度准确，灯具材料散热性好，尽可能配有防红外线、防紫外线、防眩光等附件。另外，为了减少因光源产生的热辐射对展品的损害，应做好展柜内的通风系统（图 5-74、图 5-75）。

三　装饰照明

　　装饰照明也称场景照明，其照明目的在于调节和渲染博物馆内空间气氛，利用光色和灯具的形态给空间施加影响。不论什么形式的装饰照明，往往都采用低照度的光源，对于充当装饰照明的灯具外观要求远远优于对其光线分布的要求，从某种程度上说，最简单的装饰照明就是利用灯具的装饰性达到的。除了采用场景模拟展示方式，一般情况下装饰照明不会出现在真正用于展示展品的空间内，多数用在辅助空间，如出入口、走廊、休息区、服务区等处。在展示空间内进行装饰照明设计时，常利用装饰照明手法来营造一个特定时段、场景下的环境，从而为展品的展出做好铺垫，特别是当博物馆采用复原场景的展示过程中，装饰照明的作用显得尤为重要。在展示空间内适当做些装饰照明既可以为展示空间提供一些亮点，也可进一步强化展示空间的设计主题，常见装饰照明布局方法如下：

（一）壁灯

壁灯常作为空间的装饰照明，壁灯可以产生定向光或漫反射光，它除了对垂直墙面进行照明外，还会为顶棚及地板提供照明；同时壁灯有助于强调某一特定位置，因此往往也会结合出入口、楼梯处、交通转折处设置，以起到引导公众观展的作用。由于壁灯在垂直面上安装的位置较低，通常在观众的正常视线范围之内，因此防止眩光的出现是较为重要的问题，一般会采用间接式的照明灯具将光源遮挡，或采用低照度的光源以避免眩光的出现。

（二）枝形吊灯

枝形吊灯本身就具有一定的装饰性，它与壁灯在作为装饰灯具时往往都不用在真正的展示空间，而是用在非展示用的辅助空间，差别在于枝形吊灯更多地安装在辅助空间的顶棚中心位置，如大厅、过厅的中心，而壁灯在空间中的作用显然没有枝形吊灯重要。当枝形吊灯作为装饰照明时，应注意的就是在选择灯具时不要让枝形吊灯成为空间中眩光的来源（图 5-76、图 5-77）。

（三）建筑化照明

利用灯具与建筑装修结合构成的照明方式成为建筑化照明，建筑化照明也具有一定的装饰效果，利用顶棚的造型与灯具结合来强化博物馆室内的风格，这种形式的装饰照明往往应用在博物馆的入口大厅及休息厅等辅助空间，如河南博物馆的入口大厅采用的就是建筑化照明（图 5-78）。

图 5-76　枝形吊灯范例

图 5-77　枝形吊灯细部

图 5-78　建筑化照明

四　安全照明

博物馆的安全照明系统是为了在出现意外情况时，组织观展公众安全疏散。安全照明灯具需根据公众在展示空间内部的分布清晰勾画出有效疏散路径，通过使疏散路径上的照度高于周边环境，引导公众快速到达室外安全地带。考虑火灾会引起大量烟雾的出现，在疏散路径靠近地板处另设一套辅助安全照明系统，以帮助观众在发生火灾时在这套照明系统指引下逃离受灾区（图 5-79、图 5-80）。

在疏散路径上布置灯具时，宁可采用输出功率小的灯具，也要排列密集一些，这样可以提供均匀的照度，避免将灯具间距安排过大，即便这样的灯具功率输出较大。在安全照明光源色彩的使用上，尽量使用白光照明，由安全照明提供的照度也要有一个最小值控制，0.5lx 的平均照度就能为观众提供一个逃离房间的可见环境，沿着疏散通道的平均照度不能低于 5lx，在出口处的照度应给予加强，出口照度值不要低于 10lx，另外在可能引起危险的区域也要增加环境照度以提醒观众，所谓容易引起危险的区域是指走廊的交叉口、地面标高发生变化处、楼梯的起始端、改变方向的拐点及存在潜在障碍物的地方。安全照明系统不仅仅起到帮助观众安全疏散的作用，在进行环境照明、重点照明设计时，在满足观众观展要求的前提下，也要从引导观众安全疏散的角度去进行照明设计。如在走廊布置灯具时，让灯光照射在垂直墙面上要优于照射在地面上，对走廊起始点进行强化照明也可为交通流线增加一些方向性的暗示；在楼梯间的照明布置时应以展示楼梯的真实情况为主，使观众在使用楼

5-79

5-80

5-81

图 5-79　电梯处引导照明
图 5-80　光线引导示意
图 5-81　旋转楼梯照明
图 5-82　走廊照明方式
（引自《建筑照明》243 页）

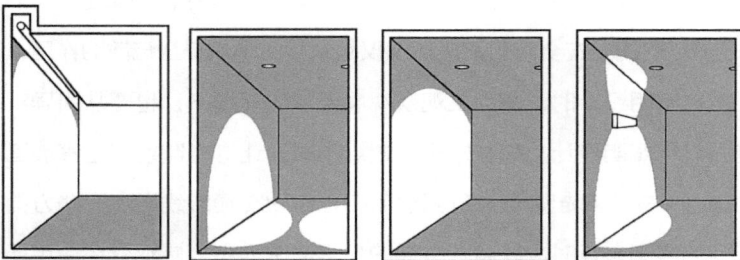

5-82

梯时能够清楚看到踏步的边缘，楼梯踏步的照明水平应当超出周边表面的照度，对楼梯进行照明时最好从顶部向下投射光线，使楼梯每一级的前缘正下方都投有阴影，从而通过突出每一级的边缘来强调踏步的外形；同理在对展示空间已有建筑元素如柱子等进行灯光强化，也可加深观众对空间形态的印象，以帮助观众了解所在空间形态，以利于出现紧急情况时确定自身所处的位置，快速疏散（图 5-81、图 5-82）。

做好应急照明也是安全照明所需要考虑的内容，当出现供电故障时，需要启动应急照明系统为空间提供照明环境，应急照明系统的电力供应依赖于电池供电独立单元或是备用发电机，应急照明系统应在出现事故的 10 秒内起效，因此在配置应急照明光源时应优先采用启动较快的光源。

第五节
博物馆展示照明环境检测

一 眩光控制检测

展品就位后，就要从公众观展的角度对沿展线是否会出现眩光进行检测，如发现问题，及时调整光源与灯具，如调整光源与灯具有困难，应在不影响公众观展的前提下，适当调整展品位置，从而尽可能减少眩光的出现。在博物馆展示空间进行眩光检测过程中，除了要查看顶棚上的环境照明及重点照明，要重点检查展柜中设置的光源遮挡是否到位，是否向外溢光，从而给公众的观展带来不便。

二 节能角度检测方案

从节能角度检测博物馆照明设计方案主要从几点考察：是否照顾到了博物馆方在后期运营过程中更方便地定期更换光源，清洁灯具、展墙及展示道具表面以及窗户；在进行照明维护时，照明设备的位置或瞄准角在维护前后应保持一致；在进行光源、灯具、设备维护时，是否对展示空间内展品采取了保护措施，以避免展品不受损害；利用照度计（曝光表）、亮度计对展示空间内的平均照度及最小照度进行测量，以保证空间内的照度符合展品及公众的正常观展要求（图 5-83、图 5-84）。

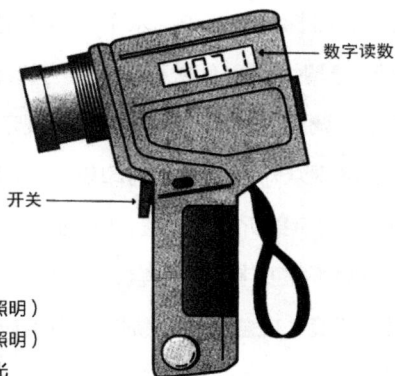

数字读数

开关

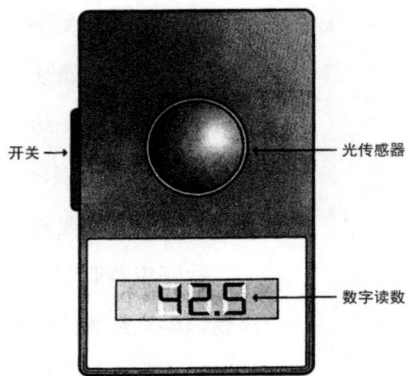

开关→

光传感器

数字读数

图 5-83　亮度计（载于建筑照明）
图 5-84　照度计（载于建筑照明）
图 5-85　古根海姆博物馆采光

5-83

5-84

5-85

（一）是否充分地利用了天然光

根据博物馆建筑室内外环境条件，是否利用天然采光来为室内提供所需的环境照明，特别是对于色彩要求较高的博物馆，天然光更有利于公众对展品的欣赏，如弗兰克·劳埃德·赖特（Frank Lloyd Wright）设计的古根海姆博物馆即采用了天然光作为博物馆室内的环境照明（图 5-85）。

（二）环境照明与重点照明安排的是否合理

当展品对环境照度要求较高时，对于展品布置密度不大的展示空间，一定要减少环境照明的照度，而尽可能通过合理配置重点照明来达到展品所需要求，因此要从节能角度出发，调整好环境照明与重点照明的关系。

（三）是否选用了高效率灯具

在满足眩光限制和配光要求的条件下，尽可能选择高效率的灯具，如开敞式的荧光灯具效率不应低于 75%、带透明罩的不应低于 65%、带磨砂或棱镜保护罩的不应低于 55% 等；开敞式高强度气体放电灯灯具效率不应低于 75%、带格栅或透光罩的不应低于 60%。还要尽量选用不带附件的灯具，灯具所配套的格栅、棱镜、乳白玻璃包含罩等附件会引起光输出的下降，降低灯具效率约 50%，使电能消耗增加，不利于节能，因此最好选用开敞式直接型灯具。

（四）是否使用节能型镇流器

目前绝大多数气体放电灯使用传统型电感镇流器，其优点是寿命长、可靠性高和价格相对低廉，而其缺点是体积大、重量重、自身功率损耗大、有噪音、功率因数低、灯频闪等，是一种不节能的镇流器。电子镇流器的优点是节能，其自身功耗低、功率因数高、灯光效高、重量轻、体积小、启动可靠、无频闪、无噪音、可调光、允许电压偏差大等，缺点是价格相对较高、可靠性相对较差。节能型电感镇流器是采用低耗材料，其能耗介于传统型和电子型之间，因此设计时尽可能采用节能型镇流器。

（五）是否做到近距离照射

近距离准确地照射展示区域是一种有效的节能方式，因此在不影响公众观展的前提下，尽可能采用高灯低挂的方式来进行环境照明及重点照明布局；另外，将充当重点照明的灯具安装在展示道具上，近距离照射展品以提高照度，也是一种节能方式，但要避免眩光（图 5-86）。

图 5-86
展示道具上的投射灯

（六）是否设置可调电路控制

在进行照明设计时，将灯具的电路控制设计成可调节的方式有助于节约电源，特别是针对环境照明更需要合理地进行可调节电路设计，在进行设计时应考虑到分区域控制以及通过控制灯具开启数量来达到环境照度因时而变的效果。

三 从照明维护角度检测

照明维护主要涉及两个方面：一是更新灯管；另一点就是清洁灯具，为了保证照明装置在投入使用后能产生设计时所预期的照明效果，以及保证展品得到切实的保护，应从博物馆后期运营角度对照明设计方案进行检测。

第六章
博物馆展示道具设计

6

展示道具是博物馆展示空间内部的重要组成部分，它既用来陈列展品，同时又起到划分、围合空间、强化展线的作用。出色的道具设计既可突出展品，也通过不同的摆放形式限定空间，另外，对博物馆展示空间氛围的营造也起着重要作用。因此在进行展示道具设计时，不但要强调展示道具的功能性，即承载、衬托展品，还要研究展示道具的陈列形式以及在道具设计风格上如何强化展示空间风格，在技术层面要做到结构坚固，工艺合理，安装方便，经济环保等。博物馆展示道具设计内容主要包括：道具的材料选择、造型设计、色彩搭配，以及展示道具的陈列形式。

第一节
博物馆展示道具设计原则

　　博物馆展示道具应与展品特点、展示空间整体风格保持一致，既要起到烘托展品、限定空间作用，又要有利于强化空间风格，满足公众的观展要求。展示道具设计是针对公众的感受、集多种展示形式为一体的综合性实用设计，它涵盖了众多领域的设计观念和设计技术，又在功能、规模、手段、形式等方面有所区别。因此，在进行展示道具设计时需要遵循以下原则。

一　功能性原则

　　展示道具是展品展示的载体，因此必须为展品的展示服务，这就是展示道具功能性的体现。在具体设计时，要根据展品的物理性、化学性特点，及其形态特点、色彩特点、距离特点和陈列方式来进行展示道具的材料、造型、色彩设计。另外，展示道具除了单纯地承担载体功能，还兼顾承担其他的功能，如通过展示道具的陈列来限定展示区域，利用自身的造型、色彩、质地来强化展示主题及环境氛围。以家具艺术博物馆为例说明展示道具的功能，为了突出橙色的家具，设计师将展示道具简洁地归纳为一个浅普蓝色带有弧度的展板，这一展板既在色彩上通过色彩互补突出了橙色家具，又在造型上与家具产生了对比，真正做到了展示道具所起的衬托作用，其目的就是为了突出展品（图6-1）。

二　针对性原则

　　在进行博物馆展示道具设计时，必须针对需要展示的具体展品，依据每一件展品自身的特性，如内在物理性、化学性，以及外在功能性、形态性，甚至是文化附加性，来进行量身定做，在结构、造型、色彩、肌理等方面都要与展品相匹配，以期更好地突出展品特色，传递展示信息，以玩具博物馆为例说明针对性，黑色展示道具很好地将儿童的组合玩具与组合玩具的宣传图片组织在一起（图6-2）。

6-1

6-2

6-3

图 6-1　简洁展示道具
图 6-2　针对性原则
图 6-3　展示性原则

三　展示性原则

　　进行展示道具设计的目的是为公众更好地观看展品，因此，展示性是展示道具的基本功能。在道具的材料选定、尺寸大小、摆放高度、观赏距离等方面应最大限度满足公众观看，以体现展示道具为展品展示服务的基本功能。以船体结构展示说明展示道具设计如何服务公众，为了便于公众观看，将分解的船体用悬挂道具放置在公众正常的视线范围内，制作的船体比例适当，并附有文字说明，非常有利于公众观展（图 6-3）。

四　保护性原则

展示道具除了要起到展品的承载功能，更要具有一定的保护性，这一保护性包括两层含义，一方面是对展品的保护，如对于珍贵文物的展示，要使展品牢固地安放在展示道具上，以确保不被损坏；另一方面是保证展示道具在观展过程中不会伤及公众，如道具结构要稳定，在形态上尽量使用倒角处理，避免尖角对公众的伤害可能（图6-4）。

图6-4　保护性原则

五　人性化原则

展示设计的目的是更好地帮助展品传递信息，而信息的受众是广大公众，所以在进行道具设计时必须了解公众的视觉规律，才能合理设计道具、布置展品，展示道具摆放要以此次序排列，以方便公众观展。另外，注重分析不同层次公众的生理及心理因素，也有助于做好展示道具的设计。如可充当公众休息座椅的展示道具（图6-5）。

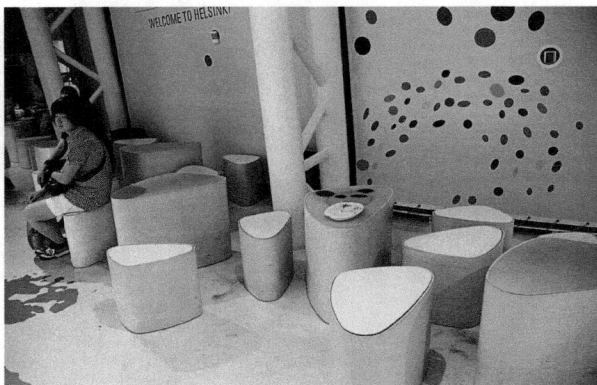

图6-5　人性化原则

六　环保性原则

首先展示道具的材料选择应尽可能采用环保材料，以利于公众的观展。其次，除了固定的展示道具外，对于临时展示用的道具，应便于安装搭建，从而节省人力和物力成本。最好采用标准化、系列化为主的材料，联结方式以组合式、拆装式为主，方便包装、运输和储存（图6-6）。

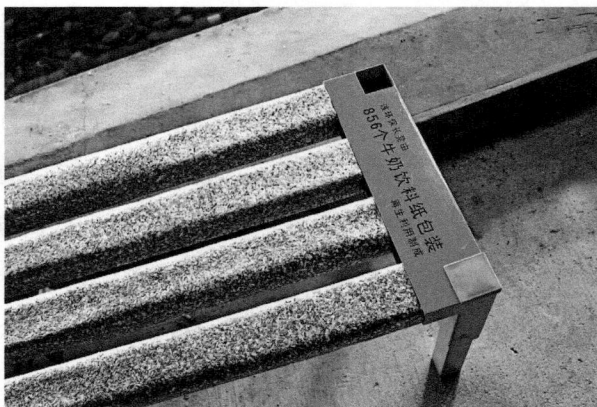

图6-6　环保性原则

第二节
博物馆展示道具类型

一　依构造划分

（一）固定形态展示道具

所谓固定形态展示道具是指道具的结构与形态不会改变，拆散后不可再用，或拆散了用这些材料再制作成其他类别的道具（图 6-7）。

（二）单元式展示道具

单元式展示道具是类似乐高积木，以一种形态道具为标准单位，再用这一标准道具组合成不同形态的展示道具，以供不同展品的展示需要。如用长宽高都相同的立方体、长方体制作的展台，由于尺寸形状相同，可依据不同展示空间组合成不同的展示形式（图 6-8）。

图 6-7　固定形态展示道具
图 6-8　单元式展示道具

6-7

6-8

（三）标准件拆装展示道具

标准件拆装展示道具由零部件构成、可以拆散再组装的展具，常见的有两种：一种是由连接件和管（杆）件搭配组成的，另一种是由连接件和板件或网板拼组而成的。如球形网架、四棱柱展架、八棱柱展架（K8 系统）、三叉合抱式展架、三通插接系统、插接式桁架系统等（图 6-9）。

（四）插接展示道具

插接展示道具由不同规格的板式构件组成，在一定部件裁出开口，然后进行插接拼组，构成展台、格架、屏风、花槽、指示标牌等各种不同用途的展示道具。用后拆开，将板件摞迭贮藏，下次还可以再利用（图 6-10）。

（五）套式展示道具

套式展示道具是指大小尺寸不同的方桌，或大小规格不同的几形台，用时大小、高差有变化，组合形式活泼；不用时将小件依次收入大件之中，所占空间只是最大台子的体量，充分利用了大件展具的内空间，少占用贮存或运输空间（图 6-11）。

（六）折叠展示道具

使用合页或类似构件，能使展示道具在不用时可以改变形态及体量，以便于在贮存、运输时节省空间。如易拉宝展架、折叠屏风、折叠展台等，通过拉伸来围合成不同的展示空间供展品展示（图 6-12）。

6-9

6-10

6-11

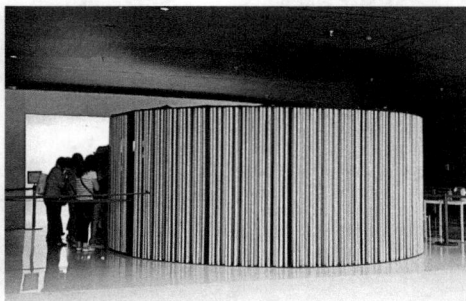

6-12

图 6-9　标准件展示道具
图 6-10　插接展示道具
图 6-11　套式展示道具
图 6-12　折叠展示道具

6-14

6-13

图 6-13　固定展柜
图 6-14　异形展台

二　依使用功能划分

依使用功能展示道具可划分为以下几种：展柜、展台、展架、展板、沙盘、屏风、护栏、陈列架、视听设备、装饰物品。

（一）展柜

展柜分独立展柜及与固定展柜，独立展柜可以在展示空间自由安放，固定展柜通常与墙面固定在一起。另外展柜也可分高柜与矮柜两大类，高柜可靠墙放置或在展厅内独立放置，上部为柜膛，下为腿或底座，如首都博物馆与墙面固定的文物展柜(图 6-13)。

（二）展台

展台的用途很广，并且可以依展品的需要灵活设计道具的造型。根据展品的大小展台也分为大、中、小三类，投影形状有方、圆、长方、菱形、梯形、椭圆等，当然也可将小、中型展台组合、拼接，构成大型复杂展台（图 6-14）。

（三）展架

常用的展架为可拆装展架：一类是球节展架，铝合金球节上有螺眼，四面带槽的铝合金管两端有可旋转带套筒的螺杆，使之与球节螺孔配合，构成展架，管槽中可镶装玻璃板或人造展板；另一类是八棱柱展架，它是由铝合金八棱柱和铝匾件横杆（两端内装锁件）搭配，可组装展架，加展板可做展墙或隔断；上加楣板安装文字及图案；也可由短八棱柱加铝匾件和镶板组成花槽；再有是三维节扣接式展架，三维节是个塑料立方体框架，薄壁铝合金管两端的塑料扣手可扣接在三维节的任何一个框架上，由此组成展架，利用几个三维节可以夹挂展板（图6-15）。

（四）展板

展板作为垂直的展示界面往往用来承载平面展品，如图片、文字、图纸及绘画作品等，根据具体需要可以在展板上悬挂或张贴；当然，展板也可以吊挂立体展品，如模型、装饰物件。展板依据尺寸大小可以分为小型展板、大型展板以及拆装式展架配套的展板（图6-16）。

（五）沙盘模型

在展示一些城市设想或无法搬到现场的文物、名胜古迹、建筑遗存、工业建筑、传统街区时，往往利用沙盘或模型来代替实物，材料视情况可用木材、塑料板材、石膏、金属、纸板等材料制成，依展示空间大小进行不同比例的缩放，以便于公众欣赏（图6-17）。

6-15

6-16

6-17

图6-15　可调展架
图6-16　垂直展板
图6-17　沙盘模型

6-19

6-18

图 6-18　折叠屏风
图 6-19　不锈钢护栏
图 6-20　组合陈列架

6-20

（六）屏风

屏风在展示空间起到遮挡及划分空间的功能，根构造方式的不同，可以分为带座屏风、插拔屏风、拼联屏风、折叠屏风等形式，当然也有拆装式展架组装成的屏风。屏风的尺寸没有统一的规格，通常需要根据展示空间的尺度来确定，可以灵活地分割展示空间（图6-18）。

（七）护栏

护栏的功能在于围合空间及保护展品，护栏的形状与高度视具体需要而定，护栏一般都是可拆卸、拆装式的，横向构杆可为金属杆件，也可以是丝带、链条或绳索（图6-19）。

（八）陈列架

陈列架是指在展柜或橱窗中用来展示展品如电子产品、首饰、衣帽的小型道具，材料可用塑料、金属或纸板、木材等制造，尺度往往不大，可以根据不同组合形式来适应展品的大小（图6-20）。

（九）视听设备

目前很多展会都采用多种展示手法，常采用投影、电视墙、音响等设备，让公众更直观地体验商业产品或文化场景，以获得亲临其境的感受（图6-21）。

（十）装饰物品

展示空间的装饰物品是用来调节展示氛围、突出展示主题的，展场根据具体需要悬挂标志旗与刀旗、会微与图案、圆雕与浮雕、花草等装饰物品（图6-22）。

图 6-21　视听设备

第三节
博物馆展示道具陈列

博物馆展示道具陈列即是展品的布置过程。展示道具陈列是在划分好的展示空间内，依据展览主题要求，按照展陈文本的设定原则对实物展品及辅助展品进行分类、组合、装饰和布置，以便于公众观展，从而有效地传递展示信息。展示道具的陈列要依一定的秩序陈列，采用合理陈列方式，对展品进行布置，才能达到良好的展示效果。

一　陈列秩序

在进行展示道具陈列时，往往根据展示主题以及公众观展需要采用一定的陈列秩序对展品进行布置，常见的陈列秩序有场景陈列、专题陈列、关联陈列、特写陈列、配套陈列、联合陈列。

（一）场景陈列

场景陈列是设定一个特定的情景，利用相关的展品将当时的场景进行复原，从而为公众传递一定时

图 6-22　装饰物品

期的信息。以甘肃博物馆的石窟画像陈列为例，为了让公众体验古时画师绘制壁画的情景，专门搭建了场景，让公众了解壁画的绘制过程（图 6-23）。

（二）专题陈列

专题陈列是围绕单一陈列主题或为专门对象所进行的展示陈列，如雕像、陶瓷系列陈列。下面以雕塑专题陈列为例，通过对不同时期的雕塑、不同创作者的雕塑或是同一创作者不同时期的作品进行比较，以便于公众了解创作者的思想（图 6-24）。

（三）关联陈列

关联陈列是以一种展品为主，与其在制作或使用方面有关联的一种或数种展品为辅，结合起来一道进行的陈列方法（图 6-25）。

（四）特写陈列

特写陈列是将展品通过放大或缩小，做成模型来方便地供公众在博物馆内部观看，也可将实物的局部放大成图片或模型用来向公众展示的陈列方式（图 6-26）。

图 6-23 壁画绘制场景

图 6-24 雕塑专题陈列

图 6-25 关联陈列

图 6-26 特写陈列

二 基本陈列方式

（一）静态陈列

静态陈列是一种以静态方法对展示道具进行陈列的方式。它一般可分为吊挂陈列、置放陈列、张贴陈列。吊挂陈列是一种将展品悬空吊挂的陈列方式，具有活动、轻快的视觉感受。卷轴字画、织物类型的展品多以这种方式展现出相应的姿态与造型，揭示展品式样的独特性和使用时的情态；置放陈列是一种将展品平稳地摆放于平面（如柜台、展台等）上的陈列方式，这种陈列方式充分展现了物品的立体结构与造型，具有强烈的体积感，许多大型、重型产品均为置放陈列；张贴陈列是一种将展品平展或折叠平贴壁面、柱面的张贴陈列方式，这种陈列方式充分展现了物品的结构、质地、花纹等，便于观众触摸和欣赏，通常是将展品上的图案临摹展开，打印粘贴在展板上做展品的辅助说明（图 6-27）。

（二）动态陈列

动态陈列是借助于三维软件及放映设备，将一些历史场景进行复原，或将某一

图 6-27　静态陈列

图 6-28　动态陈列

工艺程序虚拟再现给观众，从而便于公众对于展示内容的理解；当然还有一些通过公众现场参与的展示活动项目（图 6-28）。

三　博物馆展示道具陈列要点

既要突出展品，又要便于公众观看、接触。这就要求在展示道具的陈列时，要在满足展品展示的前提下，尽量从公众观展的角度出发，充分考虑与展示道具摆放相关的尺度要素、视觉要素和心理要素。

（一）尺度要素

展示道具的尺度受博物馆内部展厅面积、高度、展品保护等级、材料规格的限制，也受标准人体高度和其他特殊要求的制约。各类道具的尺寸都有自己的特殊规律，有的展览需要标准化的设计，有的则需要非标准的特殊化设计。

尺度要素主要是指在尺度上必须方便公众参观，尤其在高度尺寸上要合适，不能让观众总是弯腰或是仰头看，展示道具做到要既安全又不容易使观众疲劳。人体尺度一般是反映人体所占有的三维空间，包括人体高度、宽度和胸部前后径，以及各部分肢体的大小。人体三维活动的上、下、左、右都有一个正常的范围和极限，展示道具的空间尺度、展示道具尺度、展品尺寸等均应以人体为标准的绝对尺寸为基本，进行组织、设计与陈列（图 6-29、图 6-30）。

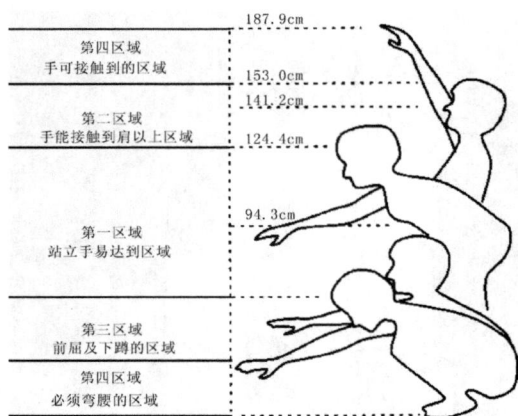

图 6-29　垂直作业分区

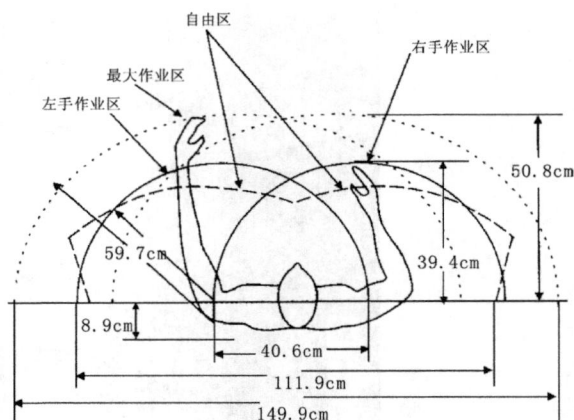

图 6-30　水平作业分区

　　基本尺度要素包括展示空间平面尺度和立面陈列高度。影响展示道具空间平面尺度的因素是陈列密度和视距，展品陈列所占面积与展厅总面积空间之间的百分比数，被称为陈列密度。展示道具与流通空间构成了展示空间的平面布局，因此展示道具的摆放密度与空间开敞有关，展示道具密度大，公众会感觉到拥挤；展示道具密度小，公众会感觉到宽松。合适的陈列密度既能满足功能要求，又能节省空间，至于展示道具的陈列密度如何确定则要依据展品的特性、数量多少、展示场地的大小、公众的人流来确定。使之既有利于展品的展出，又会让公众感到舒适，常规条件下，以 30% ~ 60% 之间为宜。有时将展品密集陈列，是为了给公众造成一定压力，形成一种展场气氛（图 6-31）。

　　视距是指观展公众眼睛到展品之间的距离，正常的视距标准由竖向与横向视角所决定，一般为展品高度的 1.5 ~ 2 倍，另外视距与展厅的照度值成正比，若亮度较高，视距可加大，相反则应缩小。展示立面陈列高度主要受人的视角舒适感来决定。视角是展示设计中确定设计尺寸大小的依据之一。展示的陈列高度因公众视角的限制，而产生了不同功能的垂直面区域范围。地面以上的 0.8 ~ 2.5 米之间，为最佳陈列视域范围，视角是指展品轮廓投入公众眼睛时的相交角度，它与视距有关，视角展示空间设计中确定不同视觉形象尺寸大小与尺度标准是重要依据之一。将展示道具的高度设置合理，使展示道具上面陈列的展品处于公众平均视高或偏下，以便于公众的观看。视高是指观展公众眼睛到地面的距离，一般取平均值，平均视高通常在 1.65 米至 1.75 米之间，当然在进行布展时，也可通过抬高视点或降低视点以达到某种特殊的视觉效果（图 6-32）。

6-31

6-32

图 6-31　密集陈列
图 6-32　抬高视点

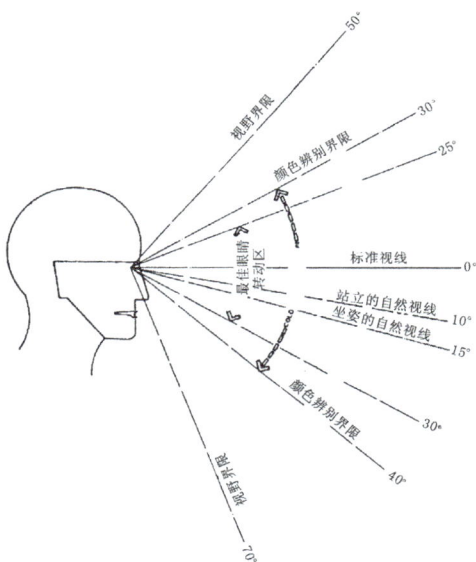

图 6-33　垂直视野范围

（二）视觉要素

视觉是人类获取信息的重要途径。通过视觉可以观察外部世界的形状、大小、色彩、明暗、肌理、运动、符号等多方面的信息内容。展示设计作为一种视觉艺术，其展示设计的信息、内容传达和沟通功效的程度均取决于公众视觉因素的运用。视觉要素是指在造型、色彩、装饰和肌理方面符合视觉传达规律，如外表色彩要单纯，不可太花哨，要有助于突出展品，展具里的灯光不能直射人眼，玻璃柜上不可产生映像。

在博物馆展示道具设计中要了解公众的视觉特征、视觉运用规律、视觉传达效率，才能合理设计展示空间、布置展品。公众的基本视觉特征包括视野、视距、视力、适应性和视错觉等，展示设计的传达沟通要取决于公众的视觉运动规律，公众的视觉习惯是由左由右，由上至下，由前往后，由中心向四周等，因此展示道具摆放要以此次序排列，以方便公众观看。人眼的视线水平方向比垂直方向快，且眼球上下运动比左右运动容易产生疲劳，水平方向尺寸的判断要比垂直方向准确，人眼对所视物的直线轮廓比曲线轮廓更容易接受（图 6-33）。

（三）心理要素

通过分析不同公众的心理要素，有助于更好地进行博物馆展示道具设计。首先，要运用注意心理，通过设计的语言符号调动起公众的视觉、听觉、触觉等各种感观，在时间和空间等方面找到最佳的结合，牵引公众在参观的活动中对展品的注意。其次，要重视理解心理，理解心理是对信息的一种主观反应，对同一信息，不同的公众也可能会有不同的理解，所以设计人员要考虑展示的具体内容，怎样通过信息作用于公众的心理，冲击公众心理的程度直接影响到传播的效果。再次，要强调空间感情，设计人员在进行展示道具设计的创作时，应有同公众相似的思维过程，所以要想感动公众，首先要感动自己，要运用公众的心理效应，激发公众的情感、情绪和心境等心理感受（图6-34）。

图6-34　气氛营造

第七章
博物馆展示标识系统设计

博物馆展示标识设计是针对博物馆内部空间环境，利用字体、图形、色彩、名称代码等视觉符号来传递信息的环境识别设计。展示视觉标识系统的意义在于利用设计手法，在现有的空间内，创造出导引性强、符合博物馆环境氛围的视觉识别系统，以满足公众在博物馆内部的观展行为和心理需求。

在博物馆内设置视觉标识系统的目的是帮助公众熟悉环境，提高公众观展质量。观展的过程是公众根据布展方的意图，围绕陈设展品进行的一系列活动，如果博物馆规模较大，内部空间划分相对复杂，就很容易让公众迷失方向，影响观展效果。故设计人员就需要通过设置标识，对公众的观展活动进行引导，使公众能够按照设定好的展线顺次观展以及完成必要的附加活动（去卫生间、休息、就餐等）。展示视觉标识系统不是简单的信息指示，它应该更有效地让公众感受到一个清晰、直观的展示空间意象，从而让公众快速了解整个展示空间的形态构成，各功能区在整个空间所处的位置，以及怎样快速地到达要去的功能区。设计人员精心制作的标识系统，能够帮助公众快速定位，从而有效进行观展，以提高展示项目品质。因此，博物馆标识系统不可或缺，设计人员对待视觉标识系统要像选择道具、灯具一样认真，否则视觉标识将会成为展示空间环境内的视觉污染而失去原本存在的意义（图 7-1）。

图 7-1　视觉标识

第一节
设计准备

　　展示视觉标识设计是在尊重博物馆空间环境特征进行的科学、系统、整体、多元的视觉标识设计。因此，在进行展示视觉标识设计之初，就应认真对博物馆内部空间进行详细的形态分析及资料整理。

一　明确标识系统设计任务

　　不同的规模、性质的博物馆对标识系统的要求亦会不同，对于小型的博物馆，展示视觉标识系统设计任务就是在每一个需要标识的具体位置设置标牌即可；而对于规模较大、内部空间复杂的博物馆而言，就需要对设计相关信息按层次、按类别进行整理，并与博物馆负责人做好确认工作，以利于后期展示视觉标识系统设计的顺利进行。

二　必要的基础资料收集

　　通常情况下，展示视觉标识系统的规划往往要依据博物馆的现有空间进行，展示视觉标识系统既要从属于博物馆内部的空间形态，又要为内部空间添彩，就需对现有的空间形态、结构以及相关信息进行收集与整理，以期获得良好的效果。

（一）对展示意图进行了解

要去认真听取博物馆方对空间内标识系统的一些想法，同时，好要从公众及观展角度去进一步考虑空间中的标识系统能够为他们的观展带来哪些帮助，以期设计的标识系统确实达到设计要求，真正起到了引导公众观展及安全疏散的作用（图7-2）。

（二）标识安放位置确定

设计人员必须对博物馆内部空间环境进行现场勘查，了解空间布局及功能区的位置，明确出入口、展线、结构限制以及建筑的周边环境等，并从公众观展的角度出发，沿展线反复行走，并归纳公众在博物馆内部空间主要的行为模式，以确定空间内何处需要设置标识，如何设置，出现紧急情况时如何帮助公众安全疏散等。为了将这部分工作做细，可以要求博物馆方提供必要的建筑图纸，同时到现场去进行核对，要对一些看似细小的变化进行标注，有些看似微小的细节往往会对设计方案产生重要的影响（图7-3）。

（三）标识信息分类及层次分析

对于规模较大、空间组合相对复杂的博物馆，其内部需要设置的标识系统也会相对复杂，因此在设计前必须对所需设计的标识信息进行分类，同时，还要明确信息之间的上下层次，以方便在设计时能通过合理的版式设计将这一信息层次关系表现出来（图7-4）。

图 7-2　标识图形
图 7-3　展馆指示牌
图 7-4　标识信息

7-2

7-3

7-4

第二节
标识系统设计

展示视觉标识系统不是独立于博物馆展示空间之外的设计，而是展示设计的一个分项，但是从某种意义上讲，由文字、图形、名称代码等构成的标识系统会对博物馆内部空间形象起到一定干预作用，它不但发挥着空间导引作用，还会赋予展示空间明确的形象识别特征，因此在设计时必须慎重（图 7-5）。

一　字体设计

尽管现代展示已运用了各种先进的技术手段，但字体仍扮演着重要的角色，因为它更容易让公众理解和接受。在进行字体设计时，"易读性"是首要原则，这里所说的"易读性"指的是两点，一个是各种字体信息能够让公众看得清楚；另一个是字体信息的含义能让公众快速理解。因此，在进行标识系统中的字体设计时，"简洁直观"是必要的，应避免使用烦冗、专业性过强的词汇，从而让公众通俗易懂；还有当字体在展场不是孤立出现，而是附着在特定展品上时，字体设计切忌喧宾夺主，影响展品的展示。

（一）字体选择

作为引导公众观展的标识字体而言，应尽量选择结构紧凑、简练明确的字体，因为这种字体整体性强且节省空间，特别是当安装的位置较高时，更便于公众阅读。当然，在选择字体时既要考虑要与所处的展示空间风格相匹配，如展示人偶玩具的博物馆，即可选择与活泼展场布置相协调的趣味字体。选择什么样的字体也要考虑到所书写的位置，如文字是书写在棱角分明的矩形指示牌上，则不要选择动感较强的字体，否则会产生不协调的视觉效果。常见字体可大致分为标准字体、装饰字体、形象化字体、书法字体。

标准字体：在汉字体系中，常用标准字体以宋体和黑体为主。宋体字笔画平整，有"横细竖粗，撇如刀，点如瓜子，捺如扫"的特征；黑体字笔画粗细一致，整体形态粗壮醒目，具有强烈的视觉冲击力，它的结构紧凑，没有多余的装饰，表现出较强的力感和重感，显得浑厚有力（图 7-6）。

图 7-5 北京国际设计三年展

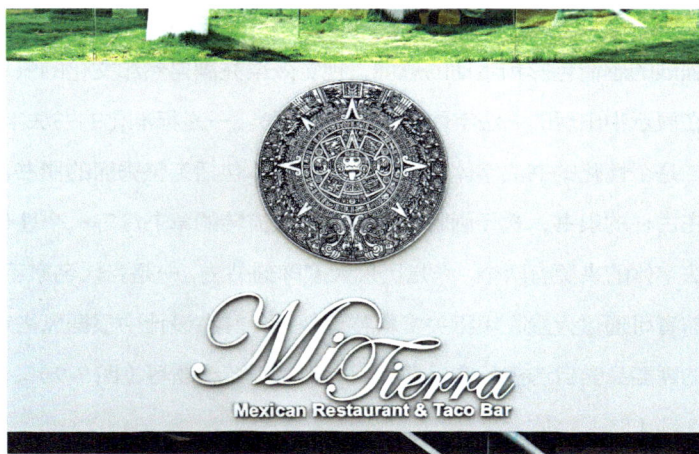

图 7-7 装饰字体

图 7-6 标准字体

图 7-8 形象化字体

装饰字体：装饰字体就图形象征意义而言，更侧重字体本身的艺术化、风格化渲染，在字体框架上增加一些修饰或附加纹样。汉字中的装饰处理，通常会体现出民族文化的特征，如将花卉、吉祥动物形象等融入字体装饰中，以获得吉祥寓意。文字的装饰图形选择应该适合文字的内容需要，作到自然流畅、生动和谐，既要满足人们审美情趣，同时也要照顾阅读的功能；有时，为了突出字体本身，可以在文字背景上添加装饰纹样，使字体在环境的衬托下形象鲜明，更容易识别（图 7-7）。

形象化字体：汉字的演变史是符号从象形到抽象的变化过程，这段历史给文字的字体设计带来很多启示，如使文字形象化，使字意象征化。字体的形象化设计是根据文字的内容含义，对文字笔画或形态进行艺术化的强化表现，这是一种半文半图的字体，具有强烈的信息效应。从形式上可分为整体形象化和局部形象化两类，整体形象化的字体效果具有较强的趣味性，它利用文字自身的结构特征进行创意构思，用某种视觉形象完全替换文字常规笔画，等于把文字当作图形来设计。局部形象化的字体效果具有直观性、标识性和象征意义，它用与文字内容或意义相关的图形，对文字部分笔画做替换，追求文字原有笔画与图形之间的对比冲突意味（图 7-8）。

书法字体：顾名思义，此类字体源自汉字的书法艺术，它含有强烈的感情色彩和生动的意境，视觉效果充满自然和文化的气息。在展示中出现的书法字体大致可分为两类，一是标准化的书法字体，二是个性化的书法字体。标准化书法字体包括工整秀丽的楷书，端庄古朴的隶书，欢畅洒脱的行书，奔放流转的草书等等；个性化书法字体的来源有两个，一是历代大家碑刻书法，一是当代名家手书。前者可通过大量收集相关资料整理获得，并在设计中根据风格定位的需要品尝自选搭配的乐趣，后者则属于特约题写（图 7-9）。

图 7-9　特约题写

（二）字体大小

展示空间中的字体大小设置并非随心所欲，字体大小的确定既与公众的观看距离有关，也体现着所在标识系统的层次等级。当公众在展示空间内驻足观看近距离的信息指示牌时，这时指示牌上的字体大小往往在 15 ～ 25 毫米之间，这样的字体大小基本能够满足公众近距离的观看；而如果公众处于动态观看且距离在 5 米以上的信息指示牌时，则字体相应就会加大到 100 ～ 150 毫米之间，从而满足公众的动态观看。当然距离与观看状态不是确定字体大小的唯一依据，字体内容所处标识系统的层次等级，也是影响字体大小的重要因素，字体内容所处标识系统的层次越高，则字体相对会越大；所处层次越低，则字体越小（图 7-10）。

（三）字体间距

字体间距也是影响标识易读性的主要因素，因此在设计远距离的文字标识时，字与字间距离过于紧凑，有可能会造成重叠的视觉干扰，因此，应有意识的加大字间距，以确保字体在各种情况下的易读性。

二　色彩设计

在标识信息传递过程中，色彩比字体、图形更具远视效果，强烈的色彩冲击，给公众的印象更为直接、深刻，它能使公众对不同展示内容与展位空间的区别判断更加准确快捷。但需要指出的是，公众对色彩的识别能力有限，对于差别大的颜色如红、橙、黄、绿、蓝易于区分，而很难从几十种不同的红色调中区分出某一种红色，

图 7-10　字体大小（引自北京国际设计周官网）

因此在利用色彩进行标识设计时，往往将色彩与字体、图形结合使用，以帮助公众识别，如红色的圆或橙色的三角（图 7-11）。

（一）利用色彩进行标识分类

在一套完整的展示视觉标识系统中，色彩能起到对标识信息进行分类作用，如在某些博物馆中的标识信息中，利用红底白字代表不同展示主题区域、黄底黑字代表展会商业信息、黑底白字代表公共设施信息，用夺目的红色来引导公众快速进入自己想观看的区域，有利于形成良好的观展秩序，这就是色彩标识分类在博物馆展示空间所起的作用（图 7-12）。

图 7-11　色彩设计
（引自北京国际设计周官网）

图 7-12　色彩标识分类
（引自北京国际设计周官网）

（二）色彩对比运用

在日常观展及出行时，经常会看到黄底黑字的指示牌较多，之所以各空间喜欢用黄底黑字的指示牌，是因为黄色相对于其他颜色更容易吸引公众的注意，而黑色字符在明亮的黄色背景下会增强文字的可读性。色彩对比度是进行标识设计时需要考虑的一个重要因素，如果把有颜色的文字放在色彩鲜艳的背景上，则对比度会显得太弱，一般情况下，稳妥的色彩安排是在鲜艳的背景上使用白色字符，在浅色背景上使用黑色字符。利用色彩进行标识设计时，一定要进行图底色彩关系的对比分析，避免图底两种色彩反差过小，使文字模糊，同时要将公众最需要看到信息用对比强烈的图底色彩表现（图 7-13）。

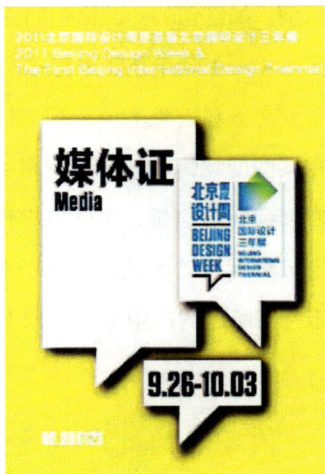

图 7-13　色彩对比
（引自北京国际设计周官网）

（三）色彩的文化内涵

每种颜色所代表的含义会受到不同文化及历史阶段的影响。红色在中国就会被赋予喜庆色彩，而白色往往作为寄托哀思之用，但在西方却采用白色作为婚纱的颜色以示纯洁，这就是文化不同体现出的色彩认识差异。当然，色彩本身并不存在负面含义，但在利用色彩进行标识系统设计时，仍要做好前期调研，避免因色彩使用带来的不必要的误解。

当然，有时进行展示视觉标识系统色彩设计时，也要对博物馆内部的环境色彩进行分析，看看现有的展示空间环境中是否存在一种基本色调，设计人员应围绕这一主色调开发出一套色彩方案。博物馆现有空间对色彩方案的选择、开发具有很大的限定作用，如要考虑开发的色彩方案是否符合展示空间尺度、是否与空间环境中的建筑材料相抵触等等，使用的色彩方案一定要与展示空间环境相协调，这样才能够体现展示视觉标识系统的设计意义。

三　图形设计

图形设计是指利用图形创意传递信息的设计手法。这种设计手法是将要传递的信息巧妙地融入图形中，强调图形的引申、延展意义。图形在识别、意义共享方面，较文字信息的传递更为直接快捷。在达到"瞬间"识别信息要求时，图形较文字更具可视性，并能引发观众联想，产生远远大于文字叙述本身所传递的信息量，图形既可独立完成，也可与文字共同完成信息的传达（图 7-14）。

图 7-14　图形设计

图 7-15　具象图形

图 7-16　抽象图形

在博物馆内部空间中，直观的图形很容易引起公众的注意。作为标识的图形从形态特征上可分为具象和抽象两种类型。

（一）具象图形

具象图形的结构是对客观物质世界形态的模仿或再现，以写实性的视觉形象突出真实感，以夸张变形的视觉形象展现幽默感，以比喻性的视觉形象传达深邃的意义，强化展示信息的形象特征，具有较强的识别性，使公众容易产生相应的认知，有利于信息传达的准确性及完整性。

在具象图形的结构处理中，写实性的具象图形强调客观的摹写对象的形态外貌，适用于谋求观众快速、高效认知的展示效果。夸张变形的具象图形，通常采用夸张、简化等变形手法表现客观事物的本质特征及规律，这类图形容易引发公众的探知兴趣，此时再辅以适当的文本提示很容易获得预期的反应（图 7-15）。

（二）抽象图形。

抽象图形往往不具有客观意义的形态，而是以几何学为理论基础，运用最基本的视觉元素所构成的图形形象。以简洁、单纯的视觉特征体现时代精神，具有强烈的形象感，富于装饰性和象征性，具有强烈的符号属性，其意义指向通常依赖于约定俗成的作用。抽象图形的结构形式表现为将视觉元素分解为几种基本形，或直接简化为抽象的形态，多用于表现抽象的概念，呈现出模糊和残缺的情感特征。

理性的抽象图形以严谨有序的点、线、面等基本元素构成，具有冷静的、理智的、规则的、标准化的情感特征。感性的抽象图形以各种自由曲线为构成元素，具有感觉的、情绪的、随意的、生动活泼、富于变化的情感特征（图 7-16）。

四　名称代码设计

在规模较大、形态复杂的展示空间内，如何为不同的区域命名，也是设计人员需要认真思考的事情。出色的名称代码系统设计，有助于帮助观展公众辨别方向，从而尽快到达目标区域。

（一）体现层次

名称代码的编排要体现出清晰的层次，因为公众在观展时，如同在城市中行走，首先应找到哪条街，进而再查找是哪个门牌号。所以在编排展示空间中的名称代码时，一定要事先将需要名称的区域按系统层次划分出来，然后根据一定的规则进行命名（图7-17）。

（二）易于记忆

快速地将要找寻的区域名称记住，在观展过程中显得尤为重要，能够记住区域名称，既与公众自身的记忆能力有关，也与区域名称代码的特征有关。完全采用阿拉伯数字编排的区域名，就不如在阿拉伯数字中加入英文字母容易记忆，因此合理的名称代码编排，有助于公众迅速到达观展目的地（图7-18）。

尽管展示视觉标识手法分多种，但在实际设计过程往往采用多种标识手法相结合，以加深公众印象，达到引导公众有效观展的目的。

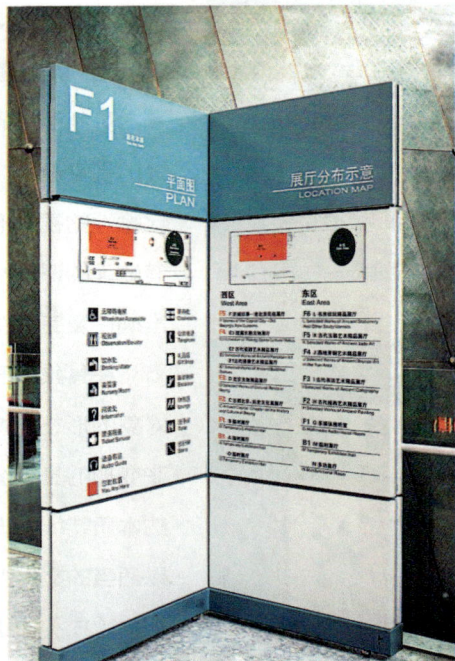

7-17

图7-17　层次体现
图7-18　国家博物馆平面（引自国家博物馆官网）

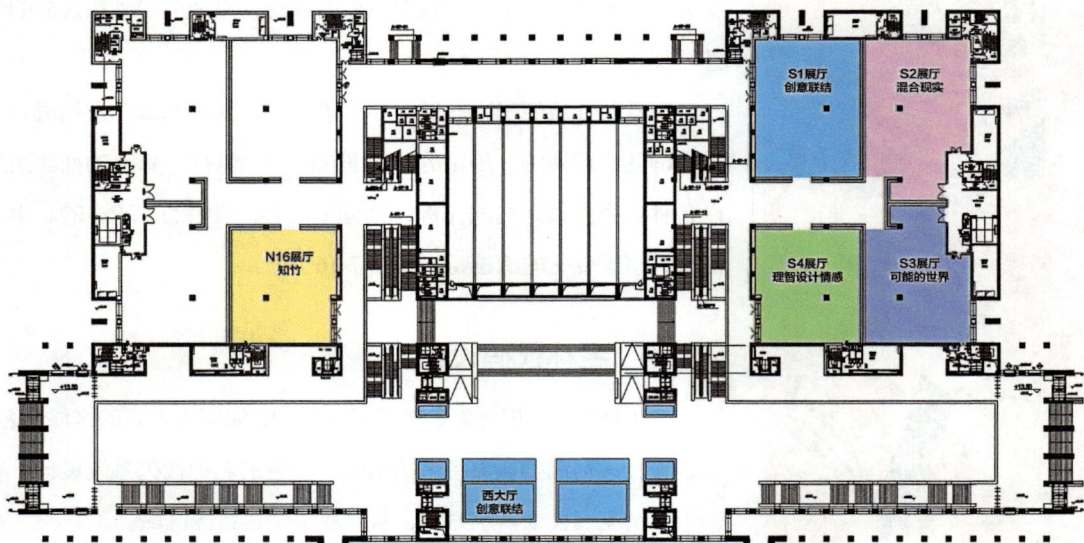

7-18

第三节
标识系统安装要点

　　展示视觉标识系统既然是引导公众进行有序观展，那么就必须让观展公众在需要引导时能够很容易地看到，因此标识系统在博物馆中的安装位置及安装方法就显得尤为重要，如果不能及时看到引导标识，则说明标识系统设计就存在着一定缺陷，也就很难达到引导公众观展的目的。另外，如果做好的标识无法按设计要求安装就位，则也会影响标识系统的引导作用及展示空间的整体形象。

一　安装位置设定

　　尽管标识系统是为了公众观看的，但一定要注意安装标识的高度并不一定就要去符合"平均视高"的安装规律，通常认为最适合传达信息的标识信息安装位置是在公众"平均视高"，即 1.6～1.7 米的位置，但在标识安装时，要根据具体情况确定安装高度。当公众保持直立向前看时，眼前会产生一个视觉区域，这个区域的中心点大致就在 1.6～1.7 米之间。可是，当公众近距离观看目标时，头相对会略微向下，视线也会随之降低，因此需要近距离观看的标识信息一般会低于 1.6 米，大致在 1.45

图 7-19　安装位置

左右比较合适；当公众观看远距离目标时，头相对会略微向上，视线也会随之升高，因此需要远距离观看的标识信息安装高度一般会高于 1.7 米，具体视情况而定，如空间开敞、人流密集的展览会大厅，就需要将标识信息安装于站立的公众头部以上，以确保能够被清楚地看到（图 7-19）。

二　安装构造细节设计

在进行每一类型的标识物品设计时，要同时对这类标识物品安装构造细节加以考虑，如何将不同种类的标识安装在指定位置上，也是标识设计的重要一环，这就需要设计人员熟悉常用的制作材料及构造连接方法。由于承载信息的标识的大小、形状、所用材质及安装位置的不同，就需要设计人员针对每一类标识的安装构造细节进行设计，才能确保后期的安装进度与效果，因此，设计人员需要了解放置这些标识信息的顶棚、墙面、地板的结构与构造，如顶棚龙骨的最大吊挂重量为多大、墙体是承重墙还是隔断墙、地面板下是否有采暖设施等（图 7-20）。

图 7-20　构造细节

第四节
空间识别定位系统

公众能够快速到达观展目的地，除了与出色的视觉标识系统有关，还与展场具有的整体空间形态的"易识别"有关，有的空间易于识别，有的空间则容易使公众迷失方向，因此，除了要进行展示视觉标识系统的设计，还需加入"空间识别定位系统"，以方便公众的观展。

一　空间识别定位系统引入

目前国内外的博物馆在对内部空间环境进行设计时，为了便于公众观展，常采用"平面视觉标识导向系统"，即通过为公众提供博物馆建筑平面布置图、出入口标志、文字、箭头等视觉符号来引导公众观展。这种以平面视觉标识为主的导向系统，在一定程度上起到了引导公众正常观展的作用，但当博物馆建设规模较大、内部空间形态较复杂时，"平面视觉标识导向系统"所起的引导作用会因视觉连续性的缺失而大打折扣，从而降低公众的观展质量。因此针对部分公众在观展过程中出现的"方向迷失"现象，加强"平面视觉标识导向系统"的作用就尤为重要。

二　空间识别定位系统概念

"空间识别定位系统"是对传统"视觉标识设计系统"的一种补充和完善，这一系统是从突出公众所在空间的形态构成特征入手，依据公众在观展过程中的行为模式及思维定式，通过对建筑内部不同区域、空间节点、交通路线进行强化设计，使公众能够快速识别所处空间的整体形态构成，进而准确定位自身所在的环境位置，最终方便有效地帮助公众完成观展及安全疏散。

三　空间识别定位系统导向原理

"平面视觉标识导向系统"是建立在"视觉标识"连续性的基础上（如箭头标识，公众必须将箭头标识全部贯穿起来才能形成一条完整的行走路线，一旦其中的一个箭头没有找到，则这条完整的行走路线被会被打破，即会影响公众正常活动），在规模较小、形态构成相对简单的建筑空间内，则很容易满足公众对"视觉标识连续性"的要求；而对建筑形态复杂、规模较大的空间内部由于公众视线范围有限，"视觉标识连续性"很难满足，"视觉标识"对公众的引导作用发挥的效果就会降低。

而"空间识别定位系统"的导向作用是建立在突出空间的可识别性，帮助公众快速建立起所处空间的大体形态；强化行走路线上重要"空间节点"的特征，以方便公众在行走过程中确定自身所处位置。因此"空间识别定位系统"在设计过程分为两部分：首先突出空间特征，让公众理解建筑空间的大体形态；其次通过强化环境内部的"空间节点"来帮助公众快速确定自身的行走轨迹。

四　空间识别定位系统设计方法

既然"空间识别定位系统"真正起作用是建立在公众在行走过程中快速形成所在空间的"整体形态"，因此在设计过程，针对具体博物馆建筑内部的现有环境条件，强化空间的整体形态及构成特征是关键。通过系统设计让建筑空间形态变得突出，重点"空间节点"的特征更加明显，从而引起观展公众留意，并对此产生深刻印象，快速识别所在空间位置，方便自身定位。在博物馆内部进行"空间识别定位系统"设计时，可从以下几个方面入手：

（一）利用模型建立空间整体概念

让公众在观展过程中建立起所处空间形态构成的整体概念很重要，这是减少公众出现"方向迷失"的关键。传统的"平面视觉标识导向系统"引导方式往往是在入口处为公众提供建筑各楼层的平面示意图，这种方法虽然能够让公众大体了解一下建筑的平面布局，但与公众在观展过程中对空间的体验却相去甚远。相比之下采用立体的建筑模型却能够直观地让公众理解建筑内部的空间构成。因此在对博物馆进行室内环境设计时，可采用概括的手法，制作出博物馆内部空间形态构成模型或是三维模型图片，以室内装饰品的形式放置在建筑主入口处及内部空间转折位置，让观众在进入博物馆短暂停留和判定方向时，通过观赏建筑空间模型及三维模型图片，对所参观的博物馆内部环境有个整体了解。

（二）强化功能区域的差异性

在建筑规模较大、内部空间复杂的博物馆内部，公众在观展过程中出现"方向迷失"问题的主要原因就是博物馆内部空间布局过于均质，不同功能区域缺少差异性，从而影响公众对方向的判断。另外博物馆免费开放举措带来的观展公众数量及层次的增多，少部分不以观展为目的、部分观展目的不明确公众的出现，让博物馆空间内公众的行为模式变得复杂，内部人流秩序的混乱，也是造成公众容易方向迷失的原因之一，因此如不积极地对公众进行引导，将会影响正常的观展秩序。为了让持有不同目的的公众在进入博物馆后各得其所，在对博物馆内部空间进行设计时，既要合理拓展博物馆内部的辅助空间，让公众依照自己的兴趣自觉分流，使不同目的的公众尽快分离；同时应在确保室内整体设计风格统一的前提下，利用光线、色彩、材料的质感及构造形式的变化，来强化不同功能区域及不同展示空间的差异性，增强边界特征，从而更好地暗示不同目的公众快速进入要去的功能区域。

（三）通过设计手段突出观展路线

博物馆的内部空间以展陈空间为主体，其余辅助空间如：办公空间、库房、商业服务空间等围绕其布置，以观展为目的的公众行为多在展示空间进行。免费开放后，不以观展为主要目的部分公众的出现，使得博物馆内部的人流路线变得复杂，因此必须采取必要的设计手法来突出观展路线。依据博物馆建筑提供的空间环境，从公众的观展角度出发，了解公众在博物馆内部空间中除了观展行为，还会存在哪些主要行为，然后将与这些主要行为相关的场所作为目的空间，以博物馆的主入口为起始点，以各目的空间为终止点（包括出口），将连接起始点和终止点的可能存在路径勾勒出来，并进行归纳简化，从而确定公众的主要观展路线，为了突出观展路线，可以采用加宽行走通道、设置引导标志、变换材质等手法来强调主要的观展路线，以保证真正来博物馆观展的公众按观展路线顺利观展。

（四）设定重要空间节点帮助公众定位

依据博物馆内部的具体环境，在确定的主要观展路线上设置几个空间节点，这些空间节点一般选在空间发生变化的位置：如建筑内部空间的转折点、观展路线的交叉点或连接不同展厅之间的过渡空间等。选定好重要空间节点后，应根据博物馆提供的原始环境、不同空间节点所处的位置、与周边展位距离等状况，对如何强化每个空间节点的方法进行具体分析，以确保"空间识别定位系统"设计方案的可实施性。通过在这些个空间节点处设立标志物，如摆放特征明显的雕塑、绿植等；或是强化此处建筑构件形式、界面色彩、夸张的图案；或利用顶棚光源及灯具的变化；加设公共设施等手法来加深公众对所行走空间轨迹的印象，帮助他们确定自身所在的空间位置，进而准确引导公众到达目的地。

（五）结合平面视觉标识导向系统

针对建设规模较大、内部空间构成较复杂的博物馆采用"空间识别定位系统"

设计，有利于公众在观展过程中确定自身所在整个空间的位置，当确定了自身的空间位置后，仍需结合传统"平面视觉标识导向系统"提供的文字标牌、箭头、出入口标识等完成室内常规活动，因此在使用"空间识别定位系统"时，仍需做好"平面视觉标识导向系统"的设计及工作人员的引导工作，让三者共同完成引导公众正常观展和安全疏散。

五　空间识别定位系统注意事项

"空间识别定位系统"不是一套孤立的设计体系，它要与博物馆建筑所创造的空间环境紧密结合，要与内部室内设计风格及展览的展示手法相一致。当然我们也可以把"空间识别定位系统"作为进行博物馆建筑设计及内部展示空间设计的切入点，从而更好地体现博物馆在建筑及展示设计过程中对观展公众的尊重。

另外，需要指出的是"空间识别定位系统"主要适合于建筑规模较大、室内空间形态复杂的大型博物馆，并且只能在一定程度上解决部分公众在观展过程中出现的"方向迷失"问题，这一识别定位系统仍然需要与"平面视觉标识导向系统"及博物馆内部工作人员共同作用，才能完成引导公众正常观展的任务。

六　空间识别定位系统设计意义

博物馆是城市中重要的大型公共活动场所，其内部的导向系统不仅担负着引导公众正常观展的功能；同样在出现特殊情况时，也是组织公众快速、安全疏散的保证。优秀的博物馆建筑不仅体现在与环境的协调、建筑造型的美观、内部展示方式的新颖、展品选择的精良，对观展公众的尊重同样是设计所应考虑的内容。

"空间识别定位系统"的使用范围并不局限于博物馆的内部空间设计，对于建设规模较大、内部空间较复杂的交通建筑、综合商业建筑、医疗建筑、主题公园等设计过程中都可尝试使用。将如何帮助活动其中的公众快速定位及安全疏散作为一项重要的设计内容，会极大提高博物馆建筑及内部环境的设计品质，同时也是建筑设计注重人文关怀的真正体现。

七　空间识别案例

本节通过 ispo 博览会来进行空间识别研究。由于 ispo 的博览会规模较大，国内外参展商较多，历届博览会举办时都会选择在大型场馆内进行，且通常采用网格式的展位布局，这种布局方式常因展位分布过于均衡，使得公众在观展过程中无法分

图 7-21　网格布局
图 7-22　三个节点
图 7-23　攀岩展场
图 7-24　山地车展场
图 7-25　展场入口

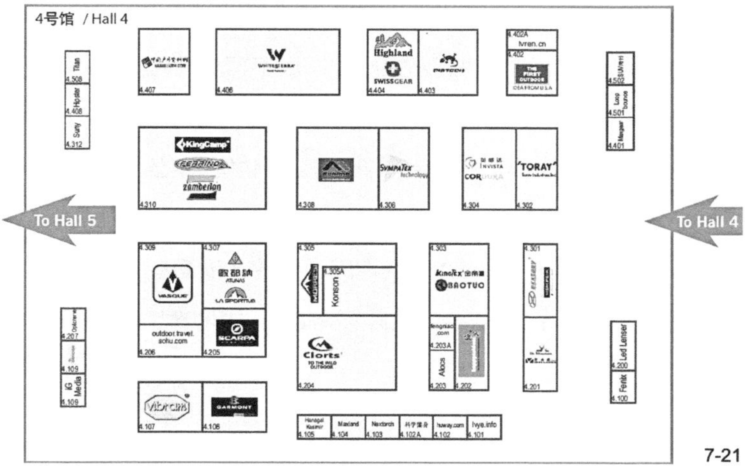

7-21

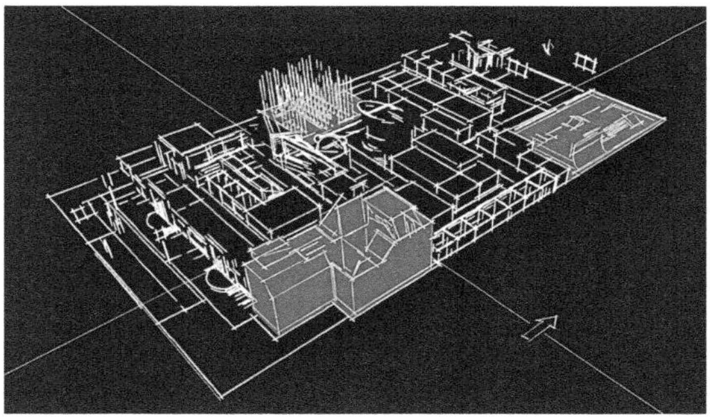

7-22

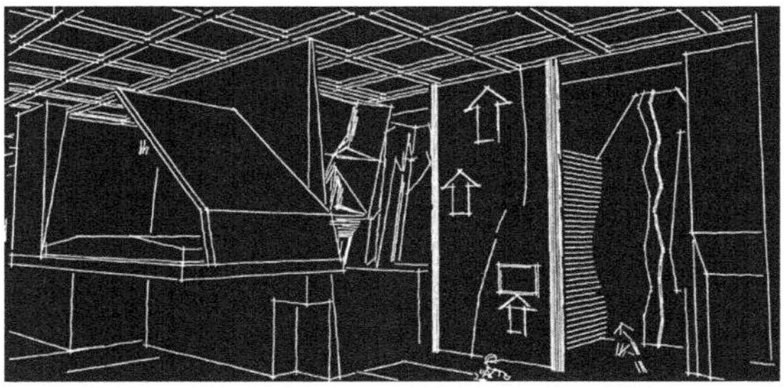

7-23

辨方向，从而影响公众的观展质量（图 7-21）。本项目将“空间识别系统”的设计概念引入博览会的空间设计中，以解决在大型场馆举办展览会时，容易引发部分公众在观展过程中方向迷失的问题。从空间识别系统的角度对博览会空间进行设计，能够为观展公众的定位提供方便，在一定程度上提高了公众的观展效率；同时，也便于在出现突发事件时，帮助公众安全疏散，从而真正体现以人为本的设计观念。

方案在公众常规的展示线路上设定了三个空间节点，分别是攀岩展场、山地车展场及滑板展场，通过强化这三个节点的特征，使得公众能够将这三个空间节点作为公众观展时的定位坐标，从而帮助公众快速定位（图 7-22 ~图 7-25）。

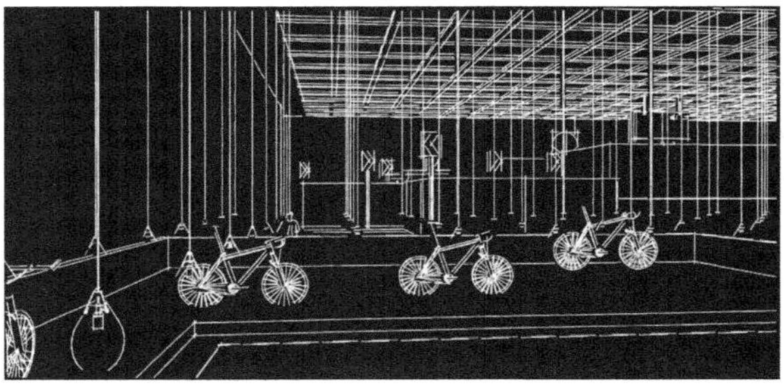

7-24

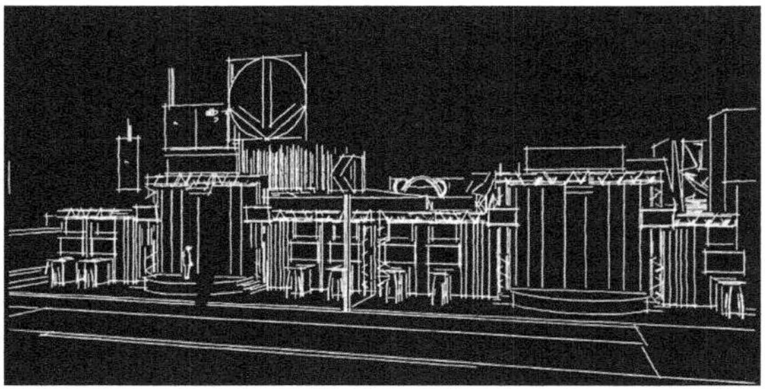

7-25

图 7-26 为展馆空间布局，从图中可以看出，展位布局已不再是大型场馆常规网格式的布局形式，这使得展示空间的布局不再均质化，另外，设定的三个空间节点无论是从色彩上，还是从展示形态上都发生了变化，这既与三个展场展示的运动产品特点有关，同时，作为有特色的空间节点也能够起到帮助公众判断方位之用。

展馆的入口标识明显，进入展馆内可见用于开幕活动的展台，周边为单元式的展位，公众在此可以参与在展会期间举办的各项活动，黄底黑色的箭头表示公众可以按设定观展路线行走，当然这并不是必须采用的观展路线（图 7-27 ~图 7-30）。

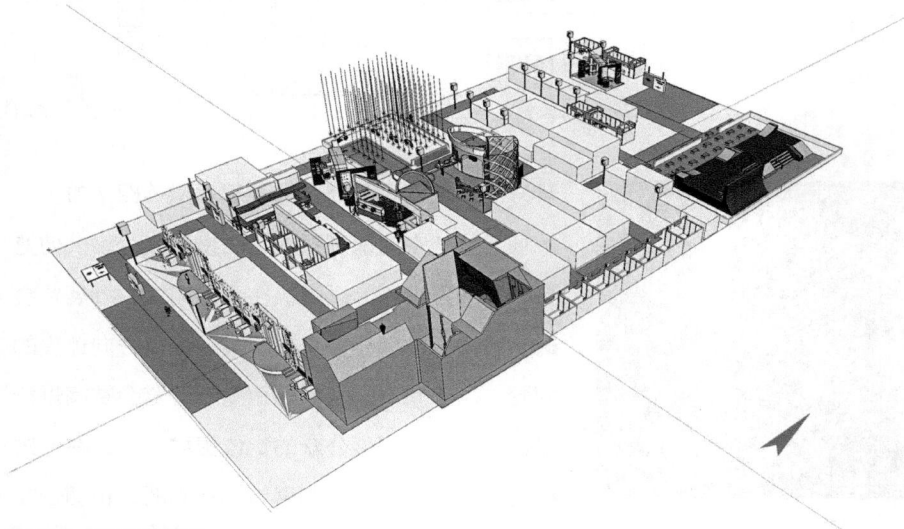

图 7-26 展馆空间布局

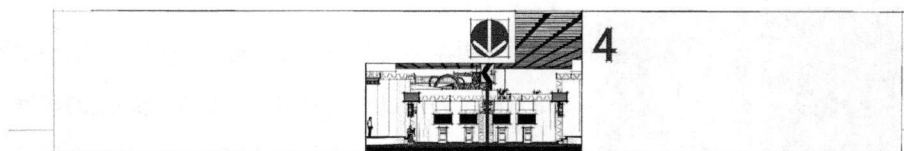

图 7-27 展馆入口 1

图 7-28 展馆入口 2

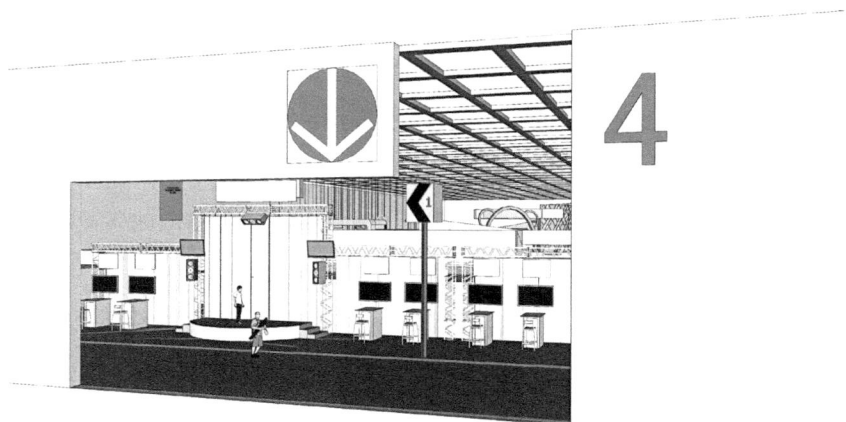

7-29

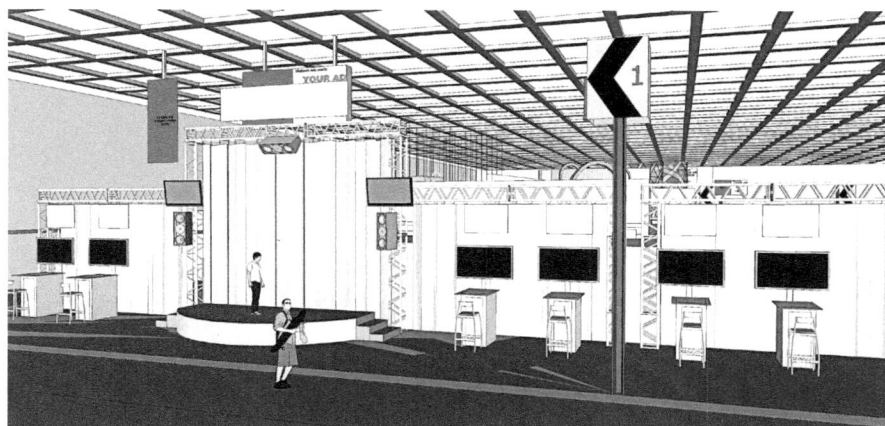

7-30

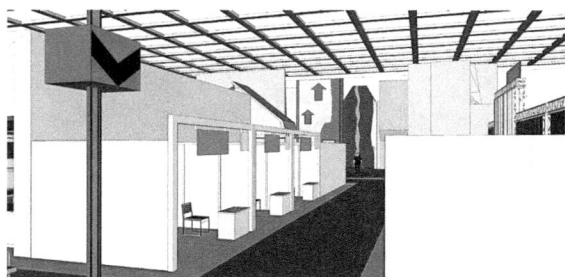

7-31

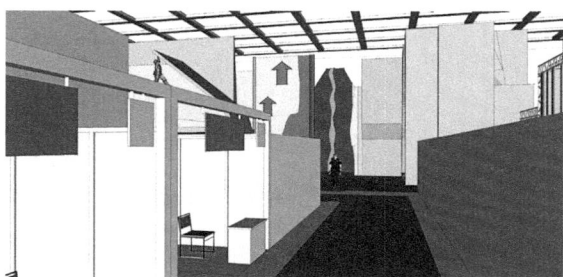

7-32

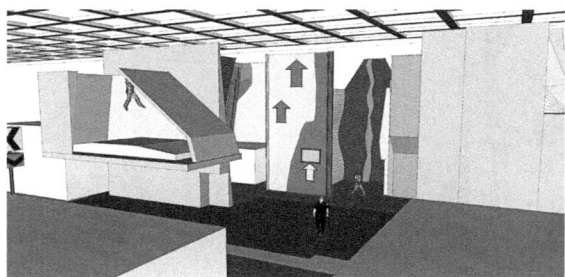

7-33

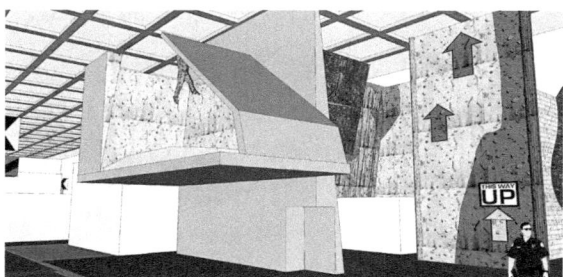

7-34

　　沿着展馆内的观展路线行走，看到的第一个空间节点即为攀岩展场，此空间节点的最大的特征就是供公众体验的攀岩墙壁，攀岩墙壁的高度、形态、色彩构成了与其他展场不同的特征，这也是公众作为空间定位的重要依据（图7-31～图7-34）。

　　图7-35与图7-36为山地车展场，此展场为三个空间节点之一，为了强化此展场特征，从顶棚向下悬挂装饰物，这种布展方式既将山地车展场的特征体现出来，也为公众在此处体验山地车时增加了乐趣与难度。

　　从展馆的空间布局图上可以看出，滑板展场是观展路线上的最后一个空间节点，同时这一空间节点也靠近出口部分，将滑板展场放在这一位置，既是因为此处可以提供滑板展场所需的大空间，同时也为公众提供了可以休息的座椅，这样就可做到观赏与休息二者兼得的效果（图7-37、图7-38）。

　　当然，本项目方案还涉及观展路线上其他展位的设计，在此不再进行文字说明，仅以设计图片示意（图7-39、图7-40）。

图7-35　山地车展场1
图7-36　山地车展场2
图7-37　滑板展场1
图7-38　滑板展场2
图7-39　展位设计
图7-40　展场出口

7-35

7-36

7-37

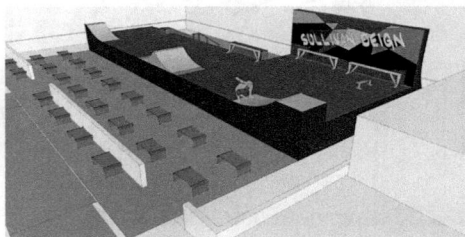

7-38

7-39

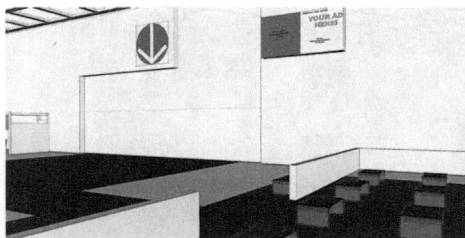

7-40

8

第八章
博物馆建筑空间的营建

　　尽管本书是针对已经建成的博物馆内部展示空间进行设计，但在以往参与的展示项目中遇到了一些因博物馆建筑空间存在问题，给后期展示空间设计带来的诸多麻烦，在此，希望从如何为博物馆后期展示设计提供良好内部空间的角度上，探讨一下博物馆建筑设计阶段应注重的问题。

　　博物馆作为重要的信息与文化交流场所越来越被社会各界所关注，各地区也都把如何打造一个代表本地特色、标志性的博物馆建设作为重要的政治任务来抓，于是一批新建、改建、扩建的形式新颖、规模宏大的博物馆在国内外建筑师的倾力打造下相继产生。这些博物馆的出现无疑为城市景观增添了亮点，同时也为公众日常出行提供了一个好的去处。在近年来建成的博物馆中不乏实用、经济、美观的经典作品，然而对于有些博物馆在建筑设计过程中对内部展示空间的疏于考虑，给博物馆后期布展及运营带来诸多问题的案例，值得博物馆决策者及设计师去思考。

第一节
博物馆建筑空间存在问题

衡量博物馆建筑设计的优劣有多种指标，其中建筑设计所提供的内部空间是否适合后续的布展工作是评判博物馆是否取得设计成功的关键。布展工作是博物馆开展各项服务、教育工作的基础，建筑所提供的内部空间与展陈的内容是否和谐，直接关系到今后博物馆的正常运营。同时为适应社会的发展，博物馆也在逐渐转变自身的角色，现代意义的博物馆不只是收藏和科研的中心，更是公众主要信息来源、文化交流、接受教育的场所，而内部展示空间作为展品与公众沟通的媒介，是博物馆建筑设计的重中之重。因此在博物馆建设中注重营造与公众直接对话的展示空间，有利于实现展品与公众之间的交流、互动，让更多的公众接受博物馆，并从中受益，以实现博物馆教育公众的社会职能。

一 博物馆建筑空间与展示内容不符

过分强调设计概念、建筑造型的结果往往是以牺牲博物馆建筑空间质量为代价。有些博物馆在建成后进行布展工作时经常会遇到空间不连续、面积过小、跨度与高度不足等问题。对于与博物馆展陈内容不相适应的建筑空间，整个展陈内容的编排、铺叙及形象展示无论从总体构建到分项结构布局，都会受到既有空间条件的限制，很多构想难以实现，留下诸多遗憾。不理想的建筑空间同样影响着展线的设定，很难妥当安置各类展品，使展示空间设计工作经常面对展品丰富，但建筑空间狭窄；或是展品缺乏，但建筑提供的内部空间又过大的无奈境地，即便采用不同的改造补救措施进行空间调整，却最终让博物馆展示效果大打折扣，而无法有效地向公众传递信息。

二 改造不合理建筑空间带来的能源浪费

建筑设计阶段疏于对布展工作的考虑，使得博物馆在展示空间设计时需对既有内部空间重新进行改造。这种改造既有因建筑使用大面积玻璃幕墙所导致的内部光环境不适于布展，而重新进行的展示空间围合；也包括内部空间不连续发生的对既有墙体的改造等等，类似的重复建设都会造成博物馆建设资金的大量投入。另外因建筑追求场面宏大而导致的内部公共空间体量的无节制，既浪费了有效使用面积，也加大了空调、照明的负荷，无疑容易让资金本就缺乏的博物馆在后期运营中陷入困境。

三　不合理的建筑空间影响公众观展

有些博物馆建筑设计造成的内部空间缺陷可以通过后期改造得以完善，有些却无法解决，内部空间缺陷的无法弥补，让博物馆展示空间设计工作很难取得良好收效。观展距离不足、交通拥堵、公众视觉休息空间的缺失都会影响正常的观展，特别是随着目前很多博物馆免费观展日的出现，让一些本就疲于应付的博物馆无法满足瞬间出现的观展人群高峰，这不但会造成公众观展的不适，影响观展效果，甚至会危及公众及展品的安全。为杜绝这种安全隐患，在博物馆建筑设计时应将布展到观展的连续过程作为内部空间设计的依据，从而让博物馆设计提供的内部空间在展陈工作完成后便于公众观展，以吸引更多的公众来此驻足。

第二节
博物馆建筑空间营造的重要环节

一　做好展陈文本的编写工作

博物馆建筑空间营建存在问题的原因很多，其中很重要的一点是博物馆筹建部门对馆情及展品特点分析得不够，没有给建筑师提供详细的展陈文本，致使建筑设计营建的内部空间与展陈内容不符。因此博物馆筹建部门应在立项之时，就研究博物馆究竟要建成怎样规模、陈列哪些展品、各类展厅所需要布展面积多大、空间多高，这些都应以展陈文本的形式记录下来，然后将展陈文本提供给建筑设计单位。目前进行的博物馆建筑设计招投标过程中，博物馆建设单位通常只提供博物馆建设项目的用地红线图、总投资、总建筑面积以及简单的功能空间分配，诸如陈列厅、库房、科研、办公、服务所占面积及数量，而很少将博物馆的藏品及不同展厅内将要展示的展品统计、归类以展陈文本的形式纳入建筑设计任务书中，这就使得建筑设计任务书过于笼统、目的性不明确，很难向建筑师清晰传达设计任务，从而造成建筑设计流于形式。须知展陈文本是博物馆布展的灵魂，同时也是建筑设计的重要依据，关系到博物馆后期展陈工作的顺利与否。因此博物馆筹建部门应改变只对后续展陈设计提供展陈文本的习惯做法，将这一工作提前到建筑设计阶段，从馆藏实际出发确定基本陈列、精品陈列空间中的展品类型及数量，并对临时陈列的展品大致设定方向，依据这些资料进行的建筑设计将会提供相对合理的展陈空间，将有利于提高博物馆今后布展工作与观展活动的顺利进行。在这方面做得较好的例子如湖南省博物馆，该筹建部门本着"建筑为展陈工作服务"的宗旨，在建筑设计招标之前就开始了对博物馆展示设计概念的构想和具体要求的筹划，将展陈工作总体策划提前到了建筑设计阶段。如在重点项目马王堆汉墓陈列上进行了详细的策划与展示空间构思，并站在公众的角度，精心设计展线及公众视觉休息空间，使得建筑设计的内部空间符合布展要求，真正实现了展陈文本先行的原则，从而获得了良好的观展效果。

二　空间合理布局作为建筑设计依据

当前建筑设计界出现的过分注重建筑外观造型、刻意强化建筑的象征意义，片面追求视觉冲击力的风气，同样波及博物馆的建设，致使很多建成的博物馆功能适应性差，建筑所提供的内部空间不能满足后期的展陈要求，忽略博物馆展陈空间合理布局是产生上述问题的主要原因。故此建筑师在进行博物馆设计时，除了通过了解当地文化及用地周边环境的分析后提出设计概念，根据设计任务书进行功能划分及构建建筑形态，同时更应考虑如何为今后的博物馆的展陈布局提供合理空间，为了做到这一点，要求建筑师在设计之初就应将博物馆提交的展陈文本作为重要的设计依据，让博物馆的建筑设计与后续的展示设计概念构思同步，尽可能消除阻碍今后博物馆顺利进行展示空间设计的隐患，使建筑营造的内部空间更适合展品的陈列、公众观展、满足博物馆今后的实际运营，避免出现建筑提供的内部空间与展陈内容不匹配的尴尬局面。从这一点上看三星堆与法门寺博物馆建筑设计做得都很好，两个博物馆就建筑提供的内部空间而言都比较适合后期的布展，之所以建筑提供的内部空间为展示空间设计提供了发挥想象和创造的余地，源自建筑师对博物馆的收藏实情及特性的充分了解，从而实现了"博物馆应按其所收藏的物品的性质进行设计"的博物馆建筑设计原则。

三　博物馆工作人员参与建筑设计

建筑的空间划分程式化、功能布局不合理，是后期布展工作时最难处理的问题。对博物馆展示设计概念及展品情况缺乏了解，使得建筑师在进行方案设计时仅凭经验按设计任务书的要求将各功能区填充到建筑平面内，而不去考虑博物馆展品的类型、数量、体量以及博物馆布展意图，这就势必造成建筑提供的内部空间存在明显缺陷，给后期布展增加难度，对博物馆的运营十分不利。通常在博物馆建筑设计投标过程中，为了保证工程操作规范、体现公平及减少工程建设中的腐败现象，往往要求博物馆工作人员不得参与博物馆的工程建设，这种做法虽有一定的积极意义，但从另一角度来看却让建筑师失去了与博物馆工作人员合作的机会，相比之下博物馆工作人员更了解馆藏的展品，也有着对今后博物馆如何运营的构想，而目前这种将博物馆使用者排除在建筑设计之外的做法，很明显会让博物馆的设计因缺少使用者的合理建议而略显盲目，从而造成给后续布展工作带来问题的例子比比皆是。例如首都博物馆新馆在设计过程中，因建筑师不了解博物馆业务的特性，同时博物馆工作人员一直未参与建筑设计，使得建筑本身存在先天不足，遗留了很多问题诸如个别展陈空间安排不合理、没有无障碍通道；部分展厅公众的通道不很便捷，自动扶梯和通道连接处的两侧存在安全隐患，如果博物馆工作人员在建筑初期介入，将会大大减少后期展陈布局和建筑装饰交叉施工矛盾，为布展的顺利进行提供方便。类似的例子再如长城博物馆，因其主题宏大、文化内涵深厚、文物展品丰富等优势，极可望做出上乘的展陈作品，但却因建筑师对展陈内容的忽略，出现内部空间狭窄且空间分割过碎，跨度不大的展厅中居然出现了柱子，致使展示空间设计颇感局促。因此在制定严格的监管制度的基础上，让博物馆工作人员尽早介入建筑设计中，将会减少博物馆建成后的二次改造问题的出现，从而节约建设及运营成本，提高布展水平。

四　投标阶段注重博物馆建筑空间的营建

目前大型建筑项目方案的确定基本都采用公开的招投标方式，博物馆建筑也不例外，博物馆筹建部门往往在方案投标期间成立专家组对各设计单位的建筑方案进行投票表决，最终选定一个得票最多的方案作为最终实施方案。这种方案的选定方式虽然比较公平，但由于专家组的成员都是建筑领域的专家，几乎没有博物馆专家及展陈专家的参与，使得专家组在对建筑方案评审时，过多地从建筑设计角度出发去评判建筑形式与功能是否统一、与所处环境是否协调、设计风格是否反映地方特色等一系列建筑条款，而很少甚至忽略去评判是否便于后期布展工作及运营，让选定方案的评价趋于片面。因此在博物馆筹备之初将博物馆专家及展陈资深人士纳入专家组，将会提高建筑师在进行方案设计时对展示空间营造的重视程度，也会使专家评选的结果更趋合理，同时通过对中标方案从展示空间设计与博物馆运营角度提出合理化建议，使最终实施的博物馆建筑方案尽可能达到实用、经济、美观的标准。在这一点上做得较好的是良渚博物院选用的方案，由于建筑设计过程对展示空间营造的重视，使建筑的总体布局和空间结构与博物馆的实际展陈需求很和谐，最大程度地满足了博物馆的收藏、展陈和讲解服务功能。通过听取各方专家的建议，对原方案中平均跨度为 18 米的柱距调整为局部 36 米宽的跨度，将空间原为 6 米的高度调整为 6 ~ 14 米的不等高度，为今后的展陈提供了可变的空间；并将原设计中局部实体墙改成通透式的玻璃墙，以满足观展过程中适当位置自然光和借景的需求。

建筑所提供的内部空间在博物馆后期布展及运营过程中的改造不可避免，但如果博物馆筹建部门及建筑师从博物馆立项到前期的调研，从设计概念到建筑方案审核、完善乃至施工这一系列过程中，都将博物馆后期展示空间设计作为博物馆建设的重要依据去指导建筑设计方案，将会大大减少博物馆建筑空间遗留问题的产生，进而实现博物馆建筑空间与展陈内容的协调，便于后期公众的观展，最终实现博物馆传播信息、交流文化、参与教育的社会功效。

附录
镇江公安博物馆展陈文本（2009 年）

前言

镇江是一座具有 3000 多年悠久历史文化的古城，地处江苏南部，位于长江与京杭运河的交汇点，历来是江苏水陆交通枢纽、南北交通门户，全市总面积 3800 平方公里，下辖 4 个区、3 个辖市，总人口 290 余万人。清代，镇江设海防衙门，1904 年，由常镇道创办镇江警察局，辛亥革命后，警察局被国民政府接管，1929 年，江苏省省会迁镇，组成了江苏省省会公安局。1949 年 4 月 22 日镇江解放，当月 24 日，镇江专署公安局在新马路 10 号成立，27 日，镇江市公安局在双井路原合作大楼成立。1983 年实行市管县新体制后，镇江专员公署公安处正式更名为镇江市公安局。党的十一届三中全会后，我国进入了新的历史时期。镇江公安机关始终以邓小平理论和"三个代表"重要思想为指导，认真学习实践科学发展观，坚持"立警为公、执法为民"，不断推进现代警务机制建设，全面提升公安工作水平和公安队伍战斗力，忠实履行巩固共产党执政地位、维护国家长治久安、保障人民安居乐业、促进经济社会发展的社会和政治责任，为服务"两个率先"、建设"平安镇江"、"和谐镇江"发挥了重要职能作用、取得了辉煌的业绩。

一　历史沿革

[绪言]

1949 年 2 月，组成包括镇江市公安局机构和人员在内的镇江专员公署公安局。1949 年 4 月 24 日，镇江专署公安局在新马路 10 号成立，4 月 27 日，镇江市公安局在双井路合作大楼（后为环卫处）正式对外办公，标志着镇江市人民公安机关的诞生。同年 8 月，专署公安局与市公安局从机构和人员等方面正式分离。1950 年专署公安局改为公安处。1958 年 8 月，镇江专区更名为常州专区，迁至常州市办公，公安处亦作相应更名并随迁。1959 年 8 月，常州专区又改为镇江专区，返迁镇江市办公，公安处再次相应更名并回迁镇江。1968 年 2 月，成立镇江地区公检法军事管制委员会，接管地区公安处。1973 年 8 月，撤销军管会，建立镇江地区公安局，1980 年 11 月更名镇江地区行政公署公安处。1983 年 3 月，实行市管县体制，撤销地区公安处，重新组建市公安局。至 2008 年底，镇江市公安局下设 19 个职能机构、12 个直属行政机构、1 个现役机构和 6 个派出机构，辖 4 个公安局（分局），全市公安机关共有民警 4000 余人。

[展陈]

（一）镇江市公安局机构沿革

（二）徽章、证件及旧址照片

1. 镇江市公安局各个时期印章、证件

2. 旧址照片

（三）镇江市公安局机构设置

1. 镇江市公安局 1983 年机构设置

2. 镇江市公安局 2009 年机构设置

（四）领导关怀

（五）镇江市公安局历届主要领导

（六）镇江市公安局现任党委成员

二 维护稳定

[绪言]

镇江是原国民政府首都之门户，江苏省省会所在地，党政军警宪特机关林立，旧基础深厚。新中国成立之初，镇江专员公署公安局即着手剿匪肃特，进行反动党团骨干和特务人员登记工作，1950 年到 1953 年和 1955 年 9 月至 1956 年 1 月，开展了两次镇压反革命运动，基本上扫除了镇江境内的反革命残余势力，巩固了新生的人民政权。

[展陈]

（一）剿匪肃特

典型案例的相关展品陈列

（二）镇反肃反

典型案例的相关展品陈列

（三）取缔反动会道门

典型案例的相关展品陈列

（四）取缔邪教法轮功

典型案例的相关展品陈列

（五）国安保卫

典型案例的相关展品陈列

三 打击犯罪

[绪言]

打击犯罪是公安工作的一个重要组成部分。刑侦部门是承担公安机关打击犯罪职能的主要部门。全市刑侦部门始终把大案要案的侦查工作放在首位，适时组织专项斗争和侦破攻势，有力地维护了社会治安的基本稳定。

（一）刑侦工作

[引言]

刑事技术是同犯罪作斗争必不可少的重要手段。我市刑事技术逐步发展、专业从弱到强、队伍从小到大，目前共拥有法医检验、痕迹检验、DNA 检验、理化检验、指纹管理、影像检验、文件检验、警犬技术、心理测试等 9 个刑事技术，科技手段在侦查破案中发挥越来越重要的作用。

[展陈]

1. 侦破的重大典型案件

2. 刑事技术

3. 警犬基地及警犬训练图片

4. 全市刑事技术人员

5. 全市刑事技术人员在省级以上发表的论文及获奖情况

（二）经济案件侦查

[引言]

针对经济领域犯罪日益突出的问题，1985 年市局成立经济案件办公室，负责打击经济犯罪工作。1992 年 6 月，又根据任务的需要，成立经济犯罪侦查支队（副处级建制），专司《中华人民共和国刑法》规定的 77 种经济犯罪的侦办工作，有力地维护了社会主义市场经济秩序。

[展陈]

1. 侦破的典型案件

2. 平安企业创建

（三）计算机网络监察

[引言]

2003年1月，市局成立信息网络安全监察处。该处是以网络技术为主要手段，以网上侦察为主要任务，集情报信息、侦察控制、打击犯罪和管理防范于一体的综合实战部门。

[展陈]

1. 典型案例

2. 日常管理工作

（四）专项斗争

[引言]

镇江市公安机关针对不同时期社会治安的突出问题，适时组织开展专项斗争和专项治理，持续不断地依法严厉打击严重刑事犯罪分子，维护了社会治安的基本稳定。

[展陈]

1. 严打斗争

2. "打黑除恶"专项斗争

3. 侦破命案专项行动

四　禁毒斗争

[绪言]

旧社会，由于政治腐败，吸毒之风盛行，镇江也不例外。镇江解放后，镇江人民政府组织开展了一场轰轰烈烈的禁烟禁毒群众运动，到1952年贻害百年的烟毒痼疾被彻底根除。进入20世纪80年代，受国际毒潮的影响，毒品再次出现。1998年1月，镇江市公安局禁毒处成立，2002年3月更名为禁毒支队。全市各级禁毒委员会和公安禁毒部门始终坚持"四禁并举、预防为本、严格执法、综合治理"的禁毒工作方针，严厉打击毒品违法犯罪活动，全面推进"无毒社区"的创建，目前，全市初步形成了毒品流入量逐年减少、吸毒人员新滋生率持续走低、戒断率不断提高的良好局面。

[展陈]

（一）1950年2月24日，政务院发布的关于《严禁鸦片烟毒的通令》

（二）1952年8月19日，镇江市人民代表大会通过的《禁烟禁毒决议》

（三）全国人大常委会《关于禁毒的决议》

（四）解放初期开展禁毒运动的相关图片

（五）解放初期开展禁毒运动追缴毒品、捕办毒贩、戒吸人员成果统计表

（六）开展"无毒社区"创建活动的相关图片资料

（七）开展禁毒宣传的相关图片、资料

（八）缴获海洛因、铲除罂粟等的图片、实物

（九）吸食毒品的工具等实物

（十）禁毒社工工作图片

五　治安管理

[绪言]

治安行政管理是国家行政管理的重要组成部分，主要包括户籍行政管理、场所行业管理、出入境管理等工作。长期以来，镇江公安机关不断加强了治安行政管理工作，服务了人民群众，促进了经济社会的发展。

（一）户政工作

[引言]

户籍行政管理是国家行政管理的一项基础性工作，我市公安机关通过户口管理维护社会治安秩序，证明公民身份，保障公民合法权益，为政府部门制定人口政策、规划发展经济提供了准确的信息资料。

[展陈]

1. 户口簿

2. 身份证

3. 门牌

4. 一组反映户政工作的宣传资料

5. 外来人口分层次管理图片

6. 出租屋旅馆式、公寓式管理图片

7. 丹阳外来人口管理协会图片

8. 公安部在镇江召开实有人口管理经验现场会

（二）场所行业管理

[引言]

全市公安机关坚持管理与服务并重，既有效加强了治安动态管理，又方便了群众生活、促进了场所行业的健康发展。

[展陈]

1. 一组场所行业管理资料

2. 娱乐服务场所的星级管理

（三）水上治安管理

[引言]

镇江市公安局水上分局于1993年7月成立，主要承担长江和大运河镇江段的水上治安管理，直辖江段里程为92公里，运河里程为15公里。辖区主要涉水交通枢纽有亚洲最长的公路大桥润扬大桥、具有"长江第一渡"美称的镇扬汽渡、苏南运河"第一闸"谏壁船闸等，支队还在江面上设立长江上第一个水上110报警点，该点被公安部和水利部领导称为"万里长江第一哨"。

[展陈]

1. 水上治安管理工具图片

2. 水上治安巡逻、打击非法采沙图片

3. 水上110报警点图片

4. 水警服务船民图片

5. 水上治安卡口及民警盘查图片

（四）枪支及民爆物品管理

[引言]

枪支和民爆管理是法律赋予公安机关治安管理的一项主要内容之一。近年来，公安机关以持续开展治爆缉枪专项行动和危险物品单位治安防范攻坚战为载体，不断规范枪支和民爆物品的管理，并通过建立健全枪支和民爆管理信息系统，提升管控效能，有力地维护了公共安全。

[展陈]

1. 危险物品管理

2. 收缴的各类枪支、弹药、管制刀具实物

（五）犬类管理

[引言]

犬类管理工作以公安部门为主，畜牧兽医、卫生、工商、城管执法等部门辅助负责。在公安机关的组织协调下，各职能部门齐抓共管，强化犬类管理，推动规范养犬进程，有力保障了公民健康和人身安全，维护了社会公共秩序，保护了市容环境卫生。

[展陈]

1. 相关管理规定图片

2. 发放犬证图片

3. 收容、灭杀野犬图片

4. 相关宣传图片

（六）扫除社会丑恶现象

[引言]

俗称"黄"、"赌"、"毒"的卖淫嫖娼、聚众赌博、吸食毒品三大社会丑恶现象，
直接诱发大量的违法犯罪活动。长期以来，公安机关通过严厉查处打击"黄"、"赌"、
"毒"违法犯罪活动，落实公共场所星级评定制度的规范化管理，有效遏制了社会
丑恶现象的蔓延，维护了社会治安稳定，净化了社会风气和社会环境。

[展陈]

1. 麻将、牌九等赌具

2. 抓赌现场照片 4 ~ 5 张

3. 销毁赌博游戏机图片、实物

4. 典型案例

（七）抢险救灾

[引言]

镇江公安人民警察部队作为抢险救灾的一支主要力量，在急难险重及各种灾害
面前，全局上下一心、超前预案，有条不紊地开展各项抢险救援工作，为挽救国家
和人民群众的生命财产安全作出了积极的贡献。

[展陈]

1.1991 年夏季抗洪抢险斗争图片

2.1998 年夏季抗洪抢险斗争图片

3. 支援汶川抗震救灾斗争图片

（八）大型安保

[引言]

镇江市公安机关十分重视大型活动的安全保卫，强化审核审批，强化组织领导，
坚持多警种协同配合，严打严防、严管严控，理性执法、文明执勤，确保各项大型文体、
商贸等活动安全无事故。

[展陈]

1. 十运会安保图片

2. 奥运安保图片

（九）出入境管理

[引言]

镇江市公安机关依据国家法律，简化审批手续，规范工作程序，提高工作效率，对境外人员来镇，镇江公民出国、出境加强服务与管理。镇江市公安局出入境办证大厅被评为"全国出入境文明窗口"。

[展陈]

1. 改革开放以来入境人数统计一览表

2. 改革开放以来出国、出境人数统计一览表

3. 全国出入境文明窗口

（十）警卫工作

[引言]

镇江公安机关坚持警卫工作的原则方针，精心组织，周密部署，恪尽职守，全力以赴，圆满完成了多批次党和国家领导人及重要外宾来镇的安全警卫任务，

[展陈]

1. 政治局常委以上警卫工作图片

2. 常规警卫工作

3. 重大事件警卫工作

六　交通管理

[绪言]

1950 年 12 月，市公安局在对留用交警教育、培训的基础上，成立了交警中队。1969 年，军管会设立了交警队，1978 年 6 月成立交通管理科，1983 年成立了交警大队，1988 年 3 月升格为镇江市交通警察支队（副处级）。1999 年交警与巡警合并成立镇江市交通巡逻警察支队。全市交巡警部门既管理道路交通，又管路面治安，为全市创造了安全畅通的道路交通治安环境。

[展陈]

（一）道路交通管理工具、设施

1. 老交通岗亭的图片

2. 交通指挥棒

3. 交通指挥哨

4. 现代交通指挥工具，如移动式红绿灯或图片

（二）各类牌证

1. 汽车牌

2. 人力车牌

3. 畜力车牌

4. 自行车牌

5. 船舶牌

（三）各类证件

1. 车辆《通行证》

2. 禁区《通行证》

3. 驾驶执照

4. 机动车行车证

（四）交通管理法规及宣传活动

1. 各个时期交通管理法规

2. 组织的各类交通安全宣传活动的图片、宣传资料

3. 与电视台合作宣传交通工作的相关资料，交通宣传文艺晚会等资料

（五）现代化的交通及车辆管理相关图片、资料、实物

1. 现代化的交通及车辆管理

2. 新、老车管理所图片

3. 便民车管服务点、车管进社区

（六）市区"三小车"整治

1. 情况简介

2. 整治行动相关图片

（七）"文明交通行动"计划及 2009 年交通秩序整治

1. 情况简介

2. 不闯红灯计划实施方面的图片

3. 规范停车计划实施方面的图片

4. 不酒后驾车计划实施方面的图片

5. 一组 2009 年交通秩序整治图片

（八）重特大交通事故案例三个（突出警示作用，交警支队需收集简介、事故现场勘查照片、技术鉴定结论及相关实物图片）

七 消防管理

[绪言]

解放初期，人民公安机关通过对国民党政府消防机构的整顿，重新组建了一支新型的公安消防机构。1983年1月列入武警部队序列，成立武警镇江市消防大队，1988年升格为武警镇江市消防支队（正团级）。60年来，镇江消防部门认真落实"预防为主、防消结合"的方针，不断改进和加强消防监督执法工作，为全市经济社会发展作出了重要贡献。

[展陈]

（一）各个时期的消防装备图片和实物

（二）消防训练图片

（三）消防宣传图片

（四）消防经验图片

（五）火灾统计表

八 平安创建

[绪言]

2003年9月以来，全市公安机关根据市委、市政府关于在全市开展"建设平安镇江，创建最安全地区"的总体部署，充分发挥平安创建主力军作用，着力打造情报信息、防控体系，破案攻坚"三大品牌"，强化抓基层、打基础、苦练基本功"三基工程"，推进公安信息化、执法规范化、和谐警民关系"三项建设"，全面增强了驾驭动态社会治安能力、提升了公安工作水平，为镇江两获"全国社会治安综合治理优秀地市"作出了重要贡献。《中国城市竞争力报告》显示，镇江的"秩序和安全指数"位居首位。

[展陈]

（一）2003～2006年平安创建全省"四连冠"的相关资料、实物

（二）治安防控体系模型

（三）居民老小区技防设施改造等的图片、资料

（四）市区"五分钟包围圈"打防"飞车抢夺"犯罪战法相关图片

（五）平安校园、平安小区、平安企业、平安医院等系列平安创建图片

（六）党员义务巡逻、军警民联防、保险式契约化联防等群防群治方面的图片

（七）建立"大巡防"、"社巡合一"方面的图片

（八）各级领导调研、视察平安创建的图片

九　服务发展

[绪言]

全市公安机关紧紧围绕党委政府在各个时期的中心工作和经济建设中心任务，主动融入大局、全力服务大局，在为全市经济社会发展创造良好社会环境的同时，提供了便捷、优质和高效的服务。

[展陈]

（一）各个时期保卫经济文化建设的图片、资料及实物

（二）改革开放以来服务经济发展的新举措

1. 服务经济发展 20 条和 8 条举措的文件及图片

2. 打假、保护名牌典型案例

（三）服务镇江发展新跨越的资料、图片

1. 服务重点工程图片

2. 服务经济发展 8 条举措及企业座谈会、新闻发布会图片

3. 服务大拆迁图片

（四）行政服务处相关工作图片

（五）保安服务

（六）服务大城管

（七）服务旅游事业大发展

十　见义勇为

[绪言]

1996 年镇江市见义勇为基金会成立，至 2007 年底全市 7 个辖市、区全部建立了见义勇为基金会，实现了见义勇为机构建设的全覆盖，为全省首家、全国领先。基金规模达 7000 多万元，涌现出以全国中华见义勇为先进分子王祖修等为代表的见义勇为人员 2000 多名，见义勇为正气之歌唱响镇江城乡大地。

[展陈]

（一）领导重视、社会支持

1. 中华见义勇为、省见义勇为基金会、省厅领导来镇检查指导图片

2. 市委、市政府及各地党委、政府对见义勇为事业的关心、支持的图片

3. 有关领导调研见义勇为工作、慰问见义勇为人员等图片

4. 有关单位、人民群众对见义勇为的支持、捐款

（二）事业发展、基础建设

1. 市及各辖市区全部建立见义勇为机构，实现"满堂红"的图片

2. 多渠道筹集基金、基金实力增强的图片

3. 出台各类办法、规定、制度的图片

（三）表彰奖励、慰问抚恤

1. 召开全市见义勇为先进分子表彰大会及日常表彰奖励的图片

2. 对王祖修、赵吉仁、陆明才等见义勇为英雄的表彰、慰问图片

3. 对见义勇为牺牲者家属、残疾者和部分特困人员家庭（高新大等）帮扶解困的图片

（四）浩然正气、英雄事迹

1. 从列车车轮下救出祖孙两人而光荣献身的英雄句容铁路工人王祖修的图片

2. 从洪水中为抢救学童而壮烈牺牲的丹徒农民、革命烈士赵吉仁的图片

3. 与歹徒顽强搏斗，而致自己终身残疾的丹阳农民高新大图片

4. 冒着生命危险抢救 9 名船民生命的扬中村民、省见义勇为英雄陆明才的图片

5. 只身智斗并擒获杀人凶犯的句容市出租车驾驶员李巧生的图片

十一　公安装备

[绪言]

公安装备是公安机关战斗力的重要组成部分，是衡量公安警务保障水平的重要标志。我市公安机关装备从简陋到精良，从品种单一到门类齐全，目前基本实现了公安装备现代化，有力地提高了公安机关整体战斗力。

[展陈]

（一）不同时期警服套装

（二）警用枪械

（三）各式警衔

（四）配发的九小件等装备

（五）镇江"金盾工程"及公安信息化建设相关照片及实物

（六）指挥中心、通讯机房、派出所监控中心图片

（七）新、旧监所图片

（八）新、旧市公安局外观图片

十二　队伍建设

[绪言]

新中国成立以来，特别是改革开放以来，全市公安机关按照"抓班子、带队伍、促工作、保平安"的思路，紧紧围绕公安中心工作，以人民满意为标准，以作风建设为主线，以争先创优为动力，坚持政治建警、素质强警、文化育警、从严治警、从优待警，切实加强队伍管理长效机制建设，为圆满完成各项公安保卫任务、促进公安工作可持续发展提供了强有力的思想、政治和组织保障。

[展陈]

（一）公安民警纪律作风

1.市局召开部分市人大代表和警风警纪监督员座谈会的照片及实物

2.全市各地公安机关开展现场督察和专项督察活动中查处的重大案件

3."五条禁令"宣传牌、警示卡等

4.各地公安机关与民警家属签订的监督责任书

（二）创建"人民满意"所队

（三）公安法制建设

（四）公安教育

1."大练兵"活动。

2."公安局长大接访"活动的相关资料

3.公安学历教育、素质培训和基地建设

（五）公安宣传

1.公安杂志、刊物

2.公安电视、电台、网络、舞台宣传作品

（六）公安文化

1.公安文学作品

2.公安干警书画、摄影、集邮等作品

3. 历次镇江公安"文艺汇演"的照片及实物

4. 镇江公安民警参与重大体育赛事获奖情况

5. 警务合作交流

（七）从优待警

1. 积极开展民警的心理健康保护工作

2. 严格落实休假、旅游休假和定期体检制度

3. 认真做好因公牺牲、负伤民警的抚恤优待工作，成立警察互助协会

4. 依法维护民警的正当执法权益，成立维权委员会

（八）立功创模

1. 我市参加历次全国公安保卫战线英雄模范立功集体代表大会图片

2. 镇江公安功模名录

3. 典型人物简介

4. 因公牺牲民警名单

结束语：

"树碑昭英烈，寸史启后人"。本馆浓缩了镇江公安建史以来的光辉历程与业绩，它充分表达了广大公安民警对党、对国家、对人民和对法律的无限忠诚，它铭刻着全市公安机关和广大公安民警为公安事业做出的突出贡献，是缅怀公安老前辈、激励公安后来者的爱国主义和革命传统的教育基地，是镇江公安一笔永久的宝贵财富。

回眸历史，倍受鼓舞，展望未来，激情满怀。在新世纪的重要战略机遇期，全市公安机关和广大公安民警将高举邓小平理论和"三个代表"重要思想伟大旗帜，用科学发展观统领公安工作和队伍建设，以建设"平安镇江"，构建和谐社会为主线，以深化"三基"工程、加强"三项"建设为重点，以推进警务机制改革为动力，以队伍正规化建设为保证，切实提高"四个能力"和"两个水平"，努力为"建设新镇江，全面达小康"创造和谐稳定的社会环境。

本展区在筹建过程中，公安战线的一些老同志和他们的亲属提供了珍贵的文史资料，在此谨表示衷心感谢。由于时间跨度大和史料积累不全的缺憾，一些有价值的珍贵图片、实物资料未能收集，恳请批评指正。希望广大公安民警继续支持镇江公安史料馆的建设，积极提供有价值的史料和实物，共同为展馆内容的不断丰富和充实作出贡献。

参考文献

[1] 彭一刚. 建筑空间组合论（第二版）[M]. 北京：中国建筑工业出版社，1998.

[2] 朱曦，苗岭. 展示空间设计（第一版）[M]. 上海：上海人民美术出版社，2006.

[3] 任仲泉. 展示设计（第一版）[M]. 南京：江苏美术出版社，2002.

[4] 韩斌. 展示设计学（第一版）[M]. 哈尔滨：黑龙江美术出版社，1996.

[5] 罗越，巫濛. 展示观念与设计（第一版）[M]. 天津：天津科学技术出版社，2004.

[6] 汪建松. 商业展示与设施设计（第一版）[M]. 北京：中国建筑工业出版社 1999.

[7] 朱淳. 现代展示设计教程（第一版）[M]. 北京：中国美术学院出版社，2002.

[8] 杜异. 照明系统设计（第一版）[M]. 北京：中国建筑工业出版社，1999.

[9] 朱淳，邓雁. 展示设计基础（第一版）[M]. 上海：上海人民美术出版社，2006.

[10] （美）Amold M K. 展会形象策划专家（第一版）[M]. 周新译. 北京：中国水利出版社，2004.

[11] 李喻军. 现代展示艺术设计（第一版）[M]. 长沙：湖南科学技术出版社，2002.

[12] 冯晓云，任仲泉. 展示设计实务（第一版）[M]. 南京：江苏美术出版社，2005.

[13] （英）布莱恩劳森. 空间的语言（第一版)[M]. 杨青娟译. 北京：中国建筑工业出版社，
2003.

[14] 方卫. 空间展示创意与设计（第一版）[M]. 武汉：武汉理工大学出版社，2005.

[15] 张月. 人体工程学（第一版）[M]. 北京：中国建筑工业出版社，2001.

[16] 刘盛璜. 人体工程学与室内设计（第一版）[M]. 北京：中国建筑工业出版社，1997.

[17] 李道增. 环境行为学概论（第一版）[M]. 北京：清华大学出版社，2000.

[18] 张绮曼，郑曙阳. 室内设计资料集（第一版）[M]. 北京：中国建筑工业出版社，
1991.

[19] 来增祥，陆震纬. 室内设计原理（第一版）[M]. 北京：中国建筑工业出版社，2004.

[20] 郑曙阳. 室内设计程序 [M]. 北京：中国建筑工业出版社，2004.

[21] 柳孝图. 建筑物理（第一版）[M]. 北京：中国建筑工业出版社，2003.

[22] （美）M·戴维·埃甘，维克多·欧尔焦伊. 建筑照明（第二版）[M]. 北京：中国
建筑工业出版社，2006.

[23] 西安冶金建筑学院主编. 建筑物理（第一版）[M]. 北京：中国建筑工业出版社，1987.

[24] 詹庆旋. 建筑光环境（第一版）[M]. 北京：清华大学出版社，1988.

[25] 日本建筑学会. 采光设计（第一版）[M]. 日本：彰国社，1972.

[26] 杨光睿，罗茂羲. 建筑采光和照明设计 [M]. 北京：中国建筑工业出版社，1988.

[27] 肖辉乾等. 日光与建筑译文集（第一版）[M]. 北京：中国建筑工业出版社，1988.

[28] 日本建筑学会编. 照明手册（第一版）[M]. 北京：中国建筑工业出版社，1985.

[29] 詹庆旋等. 建筑光学译文集（第一版）[M]. 北京：中国建筑工业出版社，1982.

[30] 朱小清编著. 照明技术手册（第一版）[M]. 北京：机械工业出版社，2004.

[31] 杨公侠. 视觉与视觉环境（第一版）[M]. 上海：同济大学出版社，2002.

[32] 詹庆旋. 建筑光环境（第一版）[M]. 北京：清华大学出版社，1994.

[33] （美）尼曼. 博物馆中的天然采光（第一版）[M]. 肖辉乾译. 北京：中国建筑工业出版社，1988.

[34] 周太明等编著. 电气照明设计（第一版）[M]. 上海：复旦大学出版社，2001.

[35] 齐枚. 博物馆陈列展览内容策划与实施（第一版）[M]. 北京：文物出版社，2009.

[36] 张威，胡敏. 展示空间设计（第一版）[M]. 石家庄：河北美术出版社，2008.

[37] 李江，吕林雪. 展示视觉表示设计（第一版）[M]. 石家庄：河北美术出版社，2008.

[38] 赖亚楠，赵坚. 展示设计概论（第一版）[M]. 石家庄：河北美术出版社，2008.

[39] 王党荣，于峰. 展示道具设计（第一版）[M]. 石家庄：河北美术出版社，2008.

[40] 文化部文物局主编. 中国博物馆学概论（第一版）[M]. 北京：文物出版社，1985.